PRÉFACE

La collection de guides de conversation "Tout ira bien!", publié par T&P Books, est conçue pour les gens qui voyagent par affaire ou par plaisir. Les guides de conversations contiennent le plus important - l'essentiel pour la communication de base. Il s'agit d'une série indispensable de phrases pour survivre à l'étranger.

Ce guide de conversation vous aidera dans la plupart des cas où vous devez demander quelque chose, trouver une direction, découvrir le prix d'un souvenir, etc. Il peut aussi résoudre des situations de communication difficile lorsque la gesticulation n'aide pas.

Ce livre contient beaucoup de phrases qui ont été groupées par thèmes. Vous trouverez aussi un mini dictionnaire avec des mots utiles - les nombres, le temps, le calendrier, les couleurs...

Emmenez avec vous un guide de conversation "Tout ira bien!" sur la route et vous aurez un compagnon de voyage irremplaçable qui vous aidera à vous sortir de toutes les situations et vous enseignera à ne pas avoir peur de parler aux étrangers.

TABLE DES MATIÈRES

T&P Books Publishing

T&P Books Publishing

GUIDE DE CONVERSATION

RUSSE

Par Andrey Taranov

LES PHRASES LES PLUS UTILES

Ce guide de conversation
contient les phrases et
les questions les plus
communes et nécessaires
pour communiquer avec
des étrangers

T&P BOOKS

Guide de conversation + dictionnaire de 250 mots

Guide de conversation Français-Russe et mini dictionnaire de 250 mots

Par Andrey Taranov

La collection de guides de conversation "Tout ira bien!", publiée par T&P Books, est conçue pour les gens qui voyagent par affaire ou par plaisir. Les guides contiennent l'essentiel pour la communication de base. Il s'agit d'une série indispensable de phrases pour "survivre" à l'étranger.

Vous trouverez aussi un mini dictionnaire de 250 mots utiles, nécessaire à la communication quotidienne - le nom des mois, des jours, les unités de mesure, les membres de la famille, et plus encore.

T&P Books Publishing
www.tpbooks.com

ISBN: 978-1-78492-516-1

Ce livre existe également en format électronique.
Pour plus d'informations, veuillez consulter notre site: www.tpbooks.com ou rendez-vous sur ceux des grandes librairies en ligne.

PRONONCIATION

Lettre	Exemple en russe	Alphabet phonétique T&P	Exemple en français
А, а	трава	[ɑ], [a]	classe
Е, е	перерыв	[e]	équipe
Ё, ё	ёлка	[jɔ:], [ɜ:]	portillon
И, и	филин	[i], [i:]	faillite
О, о	корова	[o], [o:]	mauvais
У, у	Тулуза	[u], [u:]	couronne
Э, э	эволюция	[ɛ]	faire
Ю, ю	трюм	[ju:], [ju]	interview
Я, я	яблоко	[ja:], [æ:]	diamant
Б, б	баобаб	[b]	bureau
В, в	врач, вино	[v]	rivière
Г, г	глагол	[g]	gris
Д, д	дом, труд	[d]	document
Ж, ж	живот	[ʒ]	jeunesse
З, з	зоопарк	[z]	gazeuse
Й, й	йога	[j]	maillot
ой	стройка	[ɔi]	coyote
ай	край	[aj]	maillot
К, к	кино, сок	[k]	bocal
Л, л	лопата	[l]	vélo
М, м	март, сом	[m]	minéral
Н, н	небо	[n]	ananas
П, п	папа	[p]	panama
Р, р	урок, робот	[r]	racine
С, с	собака	[s]	syndicat
Т, т	ток, стая	[t]	tennis
Ф, ф	фарфор	[f]	formule
Х, х	хобот, страх	[h]	h aspiré
Ц, ц	цапля	[ts]	gratte-ciel
Ч, ч	чемодан	[tʃ]	match
Ш, ш	шум, шашки	[ʃ]	chariot
Щ, щ	щенок	[ɕ]	chiffre
Ы, ы	рыба	[ɨ]	capital

Lettre	Exemple en russe	Alphabet phonétique T&P	Exemple en français
Ь, ь	дверь	[ˈ]	signe mou
нь	конь	[ɲ]	canyon
ль	соль	[ʎ]	souliers
ть	статья	[t]	aventure
Ъ, ъ	подъезд	[ˈ]	signe dur

LISTE DES ABRÉVIATIONS

Abréviations en français

adj	-	adjective
adv	-	adverbe
anim.	-	animé
conj	-	conjonction
dénombr.	-	dénombrable
etc.	-	et cetera
f	-	nom féminin
f pl	-	féminin pluriel
fam.	-	familiar
fem.	-	féminin
form.	-	formal
inanim.	-	inanimé
indénombr.	-	indénombrable
m	-	nom masculin
m pl	-	masculin pluriel
m, f	-	masculin, féminin
masc.	-	masculin
math	-	mathematics
mil.	-	militaire
pl	-	pluriel
prep	-	préposition
pron	-	pronom
qch	-	quelque chose
qn	-	quelqu'un
sing.	-	singulier
v aux	-	verbe auxiliaire
v imp	-	verbe impersonnel
vi	-	verbe intransitif
vi, vt	-	verbe intransitif, transitif
vp	-	verbe pronominal
vt	-	verbe transitif

Abréviations en russe

ж	-	nom féminin
ж мн	-	féminin pluriel

м	-	nom masculin
м мн	-	masculin pluriel
м, ж	-	masculin, féminin
мн	-	pluriel
с	-	neutre
с мн	-	neutre pluriel

GUIDE DE CONVERSATION RUSSE

Cette section contient
des phrases importantes
qui peuvent être utiles dans
des situations courantes.
Le guide vous aidera
à demander des directions,
clarifier le prix, acheter
des billets et commander
des plats au restaurant

T&P Books Publishing

CONTENU DU GUIDE DE CONVERSATION

T&P Books Publishing

Les essentiels

Excusez-moi, ...	**Извините, ...** [izwi'nite, ...]
Bonjour	**Здравствуйте.** ['zdrastvujte]
Merci	**Спасибо.** [spa'sibə]
Au revoir	**До свидания.** [da swi'danija]
Oui	**Да.** [da]
Non	**Нет.** [net]
Je ne sais pas.	**Я не знаю.** [ja ne 'znaʲʉ]
Où? | Où? | Quand?	**Где? | Куда? | Когда?** [gde? | kʉ'da? | kag'da?]
J'ai besoin de ...	**Мне нужен ...** [mne 'nʊʒən ...]
Je veux ...	**Я хочу ...** [ja ha'ʧu ...]
Avez-vous ... ?	**У вас есть ...?** [u vas estʲ ...?]
Est-ce qu'il y a ... ici?	**Здесь есть ...?** [zdesʲ estʲ ...?]
Puis-je ... ?	**Я могу ...?** [ja ma'gʊ ...?]
s'il vous plaît (pour une demande)	**пожалуйста** [pa'ʒaləstə]
Je cherche ...	**Я ищу ...** [ja i'ɕu ...]
les toilettes	**туалет** [tʊa'let]
un distributeur	**банкомат** [banka'mat]
une pharmacie	**аптеку** [ap'tekʊ]
l'hôpital	**больницу** [balʲ'nitsu]
le commissariat de police	**полицейский участок** [pali'tsɛjskij u'ʧastək]
une station de métro	**метро** [met'rɔ]

un taxi	такси [tak'si]
la gare	вокзал [vak'zal]

Je m'appelle ...	Меня зовут ... [mi'ɲa za'vʊt ...]
Comment vous appelez-vous?	Как вас зовут? [kak vas za'vʊt?]
Aidez-moi, s'il vous plaît.	Помогите мне, пожалуйста. [pama'gite mne, pa'ʒaləstə]
J'ai un problème.	У меня проблема. [u me'ɲa prab'lema]
Je ne me sens pas bien.	Мне плохо. [mne 'plɔhə]
Appelez une ambulance!	Вызовите скорую! [vɪzawite 'skɔrʊʲʉ!]
Puis-je faire un appel?	Могу я позвонить? [ma'gʊ ja pazva'nitʲ?]

Excusez-moi.	Извините. [izwi'nite]
Je vous en prie.	Пожалуйста. [pa'ʒaləstə]

je, moi	я [ja]
tu, toi	ты [tɪ]
il	он [ɔn]
elle	она [a'na]
ils	они [a'ni]
elles	они [a'ni]
nous	мы [mɪ]
vous	вы [vɪ]
Vous	Вы [vɪ]

ENTRÉE	ВХОД [vhɔt]
SORTIE	ВЫХОД ['vɪhət]
HORS SERVICE | EN PANNE	НЕ РАБОТАЕТ [ne ra'bɔtaet]
FERMÉ	ЗАКРЫТО [zak'rɪtə]

OUVERT	**ОТКРЫТО** [atk'rɪtə]
POUR LES FEMMES	**ДЛЯ ЖЕНЩИН** [dʎa 'ʒɛnɕin]
POUR LES HOMMES	**ДЛЯ МУЖЧИН** [dʎa mʊ'ɕin]

Questions

Où? (lieu)	**Где?** [gde?]
Où? (direction)	**Куда?** [kʊ'da?]
D'où?	**Откуда?** [at'kʊda?]
Pourquoi?	**Почему?** [patɕe'mʊ?]
Pour quelle raison?	**Зачем?** [za'tɕem?]
Quand?	**Когда?** [kag'da?]

Combien de temps?	**Как долго?** [kak 'dɔlga?]
À quelle heure?	**Во сколько?** [va 'skolʲkə?]
C'est combien?	**Сколько стоит?** ['skolʲkə 'stɔit?]
Avez-vous … ?	**У вас есть …?** [u vas estʲ …?]
Où est …, s'il vous plaît?	**Где находится …?** [gde na'hɔditsa …?]

Quelle heure est-il?	**Который час?** [ka'torɨj tɕas?]
Puis-je faire un appel?	**Могу я позвонить?** [ma'gʊ ja pazva'nitʲ?]
Qui est là?	**Кто там?** [ktɔ tam?]
Puis-je fumer ici?	**Могу я здесь курить?** [ma'gʊ ja zdesʲ kʊ'ritʲ?]
Puis-je …?	**Я могу …?** [ja ma'gʊ …?]

Besoins

Je voudrais …	**Я бы хотел /хотела/ …** [ja bı ha'tel /ha'tela/ …]
Je ne veux pas …	**Я не хочу …** [ja ne ha'ʧu …]
J'ai soif.	**Я хочу пить.** [ja ha'ʧu pitʲ]
Je veux dormir.	**Я хочу спать.** [ja ha'ʧu spatʲ]
Je veux …	**Я хочу …** [ja ha'ʧu …]
me laver	**умыться** [u'mıtsa]
brosser mes dents	**почистить зубы** [pa'ʧistitʲ 'zubı]
me reposer un instant	**немного отдохнуть** [nem'nɔgə atdah'nʊtʲ]
changer de vêtements	**переодеться** [perea'detsa]
retourner à l'hôtel	**вернуться в гостиницу** [wer'nʊtsa v gas'tinitsu]
acheter …	**купить …** [kʊ'pitʲ …]
aller à …	**съездить в …** [sʰ'ezditʲ v …]
visiter …	**посетить …** [pasi'titʲ …]
rencontrer …	**встретиться с …** [vstrʲ'etitsa s …]
faire un appel	**позвонить** [pazva'nitʲ]
Je suis fatigué /fatiguée/	**Я устал /устала/.** [ja us'tal /us'tala/]
Nous sommes fatigués /fatiguées/	**Мы устали.** [mı us'tali]
J'ai froid.	**Мне холодно.** [mne 'hɔladnə]
J'ai chaud.	**Мне жарко.** [mne 'ʒarkə]
Je suis bien.	**Мне нормально.** [mne nar'malʲnə]

Il me faut faire un appel.

Мне надо позвонить.
[mne 'nada pazva'nitʲ]

J'ai besoin d'aller aux toilettes.

Мне надо в туалет.
[mne 'nada v tʊa'let]

Il faut que j'aille.

Мне пора.
[mne pa'ra]

Je dois partir maintenant.

Мне надо идти.
[mne 'nada it'ti]

Comment demander la direction

Excusez-moi, ...

Извините, ...
[izwi'nite, ...]

Où est ..., s'il vous plaît?

Где находится ...?
[gde na'hɔditsa ...?]

Dans quelle direction est ... ?

В каком направлении находится ...?
[v ka'kɔm naprav'lenii na'hɔditsa ...?]

Pouvez-vous m'aider, s'il vous plaît ?

Помогите мне, пожалуйста.
[pama'gite mne, pa'ʒaləstə]

Je cherche ...

Я ищу ...
[ja i'ɕu ...]

La sortie, s'il vous plaît?

Я ищу выход.
[ja i'ɕu 'vɪhət]

Je vais à ...

Я еду в ...
[ja 'edʊ v ...]

C'est la bonne direction pour ...?

Я правильно иду ...?
[ja 'prawilʲnə i'dʊ ...?]

C'est loin?

Это далеко?
['ɛtə dale'kɔ?]

Est-ce que je peux y aller à pied?

Я дойду туда пешком?
[ja daj'dʊ tʊ'da peʃ'kɔm?]

Pouvez-vous me le montrer sur la carte?

Покажите мне на карте, пожалуйста.
[paka'ʒite mne na 'karte, pa'ʒaləstə]

Montrez-moi où sommes-nous,
s'il vous plaît.

Покажите, где мы сейчас.
[paka'ʒite, gde mɪ se'ʧas]

Ici

Здесь
[zdesʲ]

Là-bas

Там
[tam]

Par ici

Сюда
[sʲʉ'da]

Tournez à droite.

Поверните направо.
[pawer'nite nap'ravə]

Tournez à gauche.

Поверните налево.
[pawer'nite na'levə]

Prenez la première
(deuxième, troisième) rue.

первый (второй, третий) поворот
['pervɪj (vta'rɔj, 'tretij) pava'rɔt]

à droite

направо
[nap'ravə]

à gauche

налево
[na'levə]

Continuez tout droit.

Идите прямо.
[i'dite 'prʲamə]

Affiches, Pancartes

BIENVENUE!
ДОБРО ПОЖАЛОВАТЬ!
[dab'rɔ pa'ʒalavətʲ!]

ENTRÉE
ВХОД
[vhɔt]

SORTIE
ВЫХОД
['vɪhət]

POUSSEZ
ОТ СЕБЯ
[at se'bʲa]

TIREZ
НА СЕБЯ
[na se'bʲa]

OUVERT
ОТКРЫТО
[atk'rɪtə]

FERMÉ
ЗАКРЫТО
[zak'rɪtə]

POUR LES FEMMES
ДЛЯ ЖЕНЩИН
[dʎa 'ʒɛnɕin]

POUR LES HOMMES
ДЛЯ МУЖЧИН
[dʎa mʊ'ɕin]

MESSIEURS (M)
МУЖСКОЙ ТУАЛЕТ
[mʊʃs'kɔj tʊa'let]

FEMMES (F)
ЖЕНСКИЙ ТУАЛЕТ
[ʒɛnskij tʊa'let]

RABAIS | SOLDES
СКИДКИ
['skitki]

PROMOTION
РАСПРОДАЖА
[raspra'daʒa]

GRATUIT
БЕСПЛАТНО
[bisp'latnə]

NOUVEAU!
НОВИНКА!
[na'vinka!]

ATTENTION!
ВНИМАНИЕ!
[vni'maniə!]

COMPLET
МЕСТ НЕТ
[mest 'net]

RÉSERVÉ
ЗАРЕЗЕРВИРОВАНО
[zarizer'wiravanə]

ADMINISTRATION
АДМИНИСТРАЦИЯ
[administ'ratsija]

PERSONNEL SEULEMENT
ТОЛЬКО ДЛЯ ПЕРСОНАЛА
[tolʲkə dʎa persa'nala]

ATTENTION AU CHIEN!	**ЗЛАЯ СОБАКА** ['zlaja sa'baka]
NE PAS FUMER!	**НЕ КУРИТЬ!** [ne kʊ'ritʲ!]
NE PAS TOUCHER!	**РУКАМИ НЕ ТРОГАТЬ!** [rʊ'kami ne 'trɔgatʲ!]
DANGEREUX	**ОПАСНО** [a'pasnə]
DANGER	**ОПАСНОСТЬ** [a'pasnəstʲ]
HAUTE TENSION	**ВЫСОКОЕ НАПРЯЖЕНИЕ** [vɪ'sɔkae napri'ʒɛnie]
BAIGNADE INTERDITE!	**КУПАТЬСЯ ЗАПРЕЩЕНО** [kʊ'paʦa zapriɕe'nɔ!]

HORS SERVICE | EN PANNE	**НЕ РАБОТАЕТ** [ne ra'bɔtaet]
INFLAMMABLE	**ОГНЕОПАСНО** [agnea'pasnə]
INTERDIT	**ЗАПРЕЩЕНО** [zapriɕe'nɔ]
ENTRÉE INTERDITE!	**ПРОХОД ЗАПРЕЩЁН** [pra'hɔt zapri'ɕʲon!]
PEINTURE FRAÎCHE	**ОКРАШЕНО** [ak'raʃənə]

FERMÉ POUR TRAVAUX	**ЗАКРЫТО НА РЕМОНТ** [zak'rɪtə na re'mɔnt]
TRAVAUX EN COURS	**РЕМОНТНЫЕ РАБОТЫ** [re'mɔntnɪe ra'bɔtɪ]
DÉVIATION	**ОБЪЕЗД** [abʰ'ezt]

Transport - Phrases générales

avion	**самолёт** [sama'lʲot]
train	**поезд** ['pɔest]
bus, autobus	**автобус** [aft'ɔbʊs]
ferry	**паром** [pa'rɔm]
taxi	**такси** [tak'si]
voiture	**машина** [ma'ʃina]

horaire	**расписание** [raspi'sanie]
Où puis-je voir l'horaire?	**Где можно посмотреть расписание?** [gde 'mɔʒnə pasmat'retʲ raspi'sanie?]
jours ouvrables	**рабочие дни** [ra'bɔtʃiə dni]
jours non ouvrables	**выходные дни** [vɪhad'nɪe dni]
jours fériés	**праздничные дни** ['prazdnitʃnɪe dni]

DÉPART	**ОТПРАВЛЕНИЕ** [atprav'lenie]
ARRIVÉE	**ПРИБЫТИЕ** [pri'bɪtie]
RETARDÉE	**ЗАДЕРЖИВАЕТСЯ** [za'derʒivaetsa]
ANNULÉE	**ОТМЕНЕН** [atme'nʲon]

prochain (train, etc.)	**следующий** ['sledʊɕij]
premier	**первый** ['pervɪj]
dernier	**последний** [pas'lednij]

À quelle heure est le prochain ...?	**Когда будет следующий ...?** [kag'da 'bʊdet 'sledʊɕij ...?]
À quelle heure est le premier ...?	**Когда отходит первый ...?** [kag'da at'hɔdit 'pervɪj ...?]

À quelle heure est le dernier …?

Когда уходит последний …?
[kag'da u'hɔdit pas'lednij …?]

correspondance

пересадка
[piri'satka]

prendre la correspondance

сделать пересадку
['sdelatʲ piri'satkʊ]

Dois-je prendre la correspondance?

Мне нужно делать пересадку?
[mne 'nʊʒnə 'delatʲ piri'satkʊ?]

Acheter un billet

Où puis-je acheter des billets?	**Где можно купить билеты?** [gde 'moʒnə kʊ'pitʲ bi'letɪ?]
billet	**билет** [bi'let]
acheter un billet	**купить билет** [kʊ'pitʲ bi'let]
le prix d'un billet	**стоимость билета** [stɔiməstʲ bi'leta]

Pour aller où?	**Куда?** [kʊ'da?]
Quelle destination?	**До какой станции?** [dɔ ka'kɔj 'stantsii?]
Je voudrais ...	**Мне нужно ...** [mne 'nʊʒnə ...]
un billet	**один билет** [a'din bi'let]
deux billets	**два билета** [dva bi'leta]
trois billets	**три билета** [tri bi'leta]

aller simple	**в один конец** [v a'din ka'nets]
aller-retour	**туда и обратно** [tʊ'da i ab'ratnə]
première classe	**первый класс** ['pervɪj klass]
classe économique	**второй класс** [fta'rɔj klass]

aujourd'hui	**сегодня** [si'vɔdɲa]
demain	**завтра** ['zaftra]
après-demain	**послезавтра** [pɔsle'zaftra]
dans la matinée	**утром** ['utrəm]
l'après-midi	**днём** [dnʲom]
dans la soirée	**вечером** ['wetʃerəm]

siège côté couloir

место у прохода
['mestə u pra'hɔda]

siège côté fenêtre

место у окна
['mestə u ak'na]

C'est combien?

Сколько?
['skɔlʲkə?]

Puis-je payer avec la carte?

Могу я заплатить карточкой?
[ma'gʊ ja zapla'titʲ 'kartətʃkəj?]

L'autobus

bus, autobus	**автобус** [aft'ɔbʊs]
autocar	**междугородний автобус** [meʒdʊga'rɔdnij aft'ɔbʊs]
arrêt d'autobus	**автобусная остановка** [aft'ɔbʊsnaja asta'nɔfka]
Où est l'arrêt d'autobus le plus proche?	**Где ближайшая автобусная остановка?** [gde bli'ʒajʃəja aft'ɔbʊsnaja asta'nɔfka?]

numéro	**номер** ['nɔmer]
Quel bus dois-je prendre pour aller à …?	**Какой автобус идёт до …?** [ka'kɔj aft'ɔbʊs i'dʲot dɔ …?]
Est-ce que ce bus va à …?	**Этот автобус идёт до …?** [ɛtet av'tɔbʊs i'dʲot dɔ …?]
L'autobus passe tous les combien?	**Как часто ходят автобусы?** [kak 'tʃastə 'hɔdʲat aft'ɔbʊsɪ?]

chaque quart d'heure	**каждые 15 минут** ['kaʒdɪe pit'naʦatʲ mi'nʊt]
chaque demi-heure	**каждые полчаса** ['kaʒdɪe pɔltʃa'sa]
chaque heure	**каждый час** ['kaʒdɪj tʃas]
plusieurs fois par jour	**несколько раз в день** ['neskalʲkə raz v denʲ]
… fois par jour	**… раз в день** [… raz v denʲ]

horaire	**расписание** [raspi'sanie]
Où puis-je voir l'horaire?	**Где можно посмотреть расписание?** [gde 'mɔʒnə pasmat'retʲ raspi'sanie?]

À quelle heure passe le prochain bus?	**Когда будет следующий автобус?** [kag'da 'bʊdet 'sledʊɕij aft'ɔbʊs?]
À quelle heure passe le premier bus?	**Когда отходит первый автобус?** [kag'da at'hɔdit 'pervij aft'ɔbʊs?]
À quelle heure passe le dernier bus?	**Когда уходит последний автобус?** [kag'da u'hɔdit pas'lednij aft'ɔbʊs?]
arrêt	**остановка** [asta'nɔfka]

prochain arrêt	**следующая остановка** ['sledʊɕəja asta'nɔfka]
terminus	**конечная остановка** [ka'netʃnəja asta'nɔfka]
Pouvez-vous arrêter ici, s'il vous plaît.	**Остановите здесь, пожалуйста.** [astana'wite zdesʲ, pa'ʒaləstə]
Excusez-moi, c'est mon arrêt.	**Разрешите, это моя остановка.** [razre'ʃite, 'ɛtə ma'ja asta'nɔfka]

Train

train	**поезд** ['pɔest]
train de banlieue	**пригородный поезд** ['prigəradnıj 'pɔest]
train de grande ligne	**поезд дальнего следования** ['pɔest 'dalʲnevə 'sledavanija]
la gare	**вокзал** [vak'zal]
Excusez-moi, où est la sortie vers les quais?	**Извините, где выход к поездам?** [izwi'nite, gde 'vıhət k paez'dam?]
Est-ce que ce train va à ...?	**Этот поезд идёт до ...?** [ɛtət 'pɔest i'dʲot dɔ ...?]
le prochain train	**следующий поезд** ['sleduɕij 'pɔest]
À quelle heure est le prochain train?	**Когда будет следующий поезд?** [kag'da 'bʊdet 'sleduɕij 'pɔest?]
Où puis-je voir l'horaire?	**Где можно посмотреть расписание?** [gde 'mɔʒnə pasmat'retʲ raspi'sanie?]
De quel quai?	**С какой платформы?** [s ka'kɔj plat'fɔrmı?]
À quelle heure arrive le train à ...?	**Когда поезд прибывает в ...?** [kag'da 'pɔest pribı'vaet v ...?]
Pouvez-vous m'aider, s'il vous plaît?	**Помогите мне, пожалуйста.** [pama'gite mne, pa'ʒaləstə]
Je cherche ma place.	**Я ищу своё место.** [ja i'ɕu sva'o 'mestə]
Nous cherchons nos places.	**Мы ищем наши места.** [mı 'iɕem 'naʃi mes'ta]
Ma place est occupée.	**Моё место занято.** [ma'o 'mestə 'zaɲatə]
Nos places sont occupées.	**Наши места заняты.** ['naʃi mes'ta 'zaɲatı]
Excusez-moi, mais c'est ma place.	**Извините, пожалуйста, но это моё место.** [izwi'nite, pa'ʒaləstə, nɔ 'ɛtə ma'ʲo 'mestə]
Est-ce que cette place est libre?	**Это место свободно?** [ɛtə 'mestə sva'bɔdnə?]
Puis-je m'asseoir ici?	**Могу я здесь сесть?** [ma'gʊ ja zdesʲ 'sestʲ?]

Sur le train - Dialogue (Pas de billet)

Votre billet, s'il vous plaît.	**Ваш билет, пожалуйста.** [vaʃ bi'let, pa'ʒaləstə]
Je n'ai pas de billet.	**У меня нет билета.** [u me'ɲa net bi'leta]
J'ai perdu mon billet.	**Я потерял /потеряла/ свой билет.** [ja pate'rʲal /pate'rʲala/ svɔj bi'let]
J'ai oublié mon billet à la maison.	**Я забыл /забыла/ билет дома.** [ja za'bɪl /za'bɪla/ bi'let 'dɔma]
Vous pouvez m'acheter un billet.	**Вы можете купить билет у меня.** [vɪ 'mɔʒɛte kʊ'pitʲ bi'let u me'ɲa]
Vous devrez aussi payer une amende.	**Вам ещё придётся заплатить штраф.** [vam i'ɕʲo pri'dʲoʦa zapla'titʲ 'ʃtraf]
D'accord.	**Хорошо.** [hara'ʃɔ]
Où allez-vous?	**Куда вы едете?** [kʊ'da vɪ 'edete?]
Je vais à …	**Я еду до …** [ja 'edʊ dɔ …]
Combien? Je ne comprend pas.	**Сколько? Я не понимаю.** ['skɔlʲkə? ja ne pani'maʲʉ]
Pouvez-vous l'écrire, s'il vous plaît.	**Напишите, пожалуйста.** [napi'ʃite, pa'ʒaləstə]
D'accord. Puis-je payer avec la carte?	**Хорошо. Могу я заплатить карточкой?** [hara'ʃɔ. ma'gʊ ja zapla'titʲ 'kartəʧkəj?]
Oui, bien sûr.	**Да, можете.** [da 'mɔʒɛte]
Voici votre reçu.	**Вот ваша квитанция.** [vɔt 'vaʃʌ kwi'tanʦija]
Désolé pour l'amende.	**Сожалею о штрафе.** [saʒə'leʲʉ ɔ 'ʃtrafe]
Ça va. C'est de ma faute.	**Это ничего. Это моя вина.** ['ɛtə niʧe'vɔ. 'ɛtə ma'ja wi'na]
Bon voyage.	**Приятной вам поездки.** [pri'jatnəj vam pa'eztki]

Taxi

taxi	**такси** [tak'si]
chauffeur de taxi	**таксист** [tak'sist]
prendre un taxi	**поймать такси** [paj'matʲ tak'si]
arrêt de taxi	**стоянка такси** [sta'janka tak'si]
Où puis-je trouver un taxi?	**Где я могу взять такси?** [gde ja ma'gʊ vzʲatʲ tak'si?]
appeler un taxi	**вызвать такси** ['vɪzvatʲ tak'si]
Il me faut un taxi.	**Мне нужно такси.** [mne 'nʊʒnə tak'si]
maintenant	**Прямо сейчас.** ['prʲamə se'ʧas]
Quelle est votre adresse?	**Ваш адрес?** [vaʃ 'adres?]
Mon adresse est ...	**Мой адрес ...** [mɔj 'adres ...]
Votre destination?	**Куда вы поедете?** [kʊ'da vɪ pɔ'edete?]
Excusez-moi, ...	**Извините, ...** [izwi'nite, ...]
Vous êtes libre ?	**Вы свободны?** [vɪ sva'bɔdnɪ?]
Combien ça coûte pour aller à ...?	**Сколько стоит доехать до ...?** ['skɔlʲkə 'stɔit da'ehatʲ dɔ ...?]
Vous savez où ça se trouve?	**Вы знаете, где это?** [vɪ 'znaete, 'gde ɛtə?]
À l'aéroport, s'il vous plaît.	**В аэропорт, пожалуйста.** [v aɛra'pɔrt, pa'ʒaləstə]
Arrêtez ici, s'il vous plaît.	**Остановитесь здесь, пожалуйста.** [astana'witesʲ zdesʲ, pa'ʒaləstə]
Ce n'est pas ici.	**Это не здесь.** ['ɛtə ne zdesʲ]
C'est la mauvaise adresse.	**Это неправильный адрес.** ['ɛtə nep'rawilʲnɪj 'adres]
tournez à gauche	**Сейчас налево.** [si'ʧas na'levə]
tournez à droite	**Сейчас направо.** [si'ʧas nap'ravə]

Combien je vous dois?	**Сколько я вам должен /должна/?** ['skɔlʲkə ja vam 'dɔlʒen /dɔlʒ'na/?]
J'aimerais avoir un reçu, s'il vous plaît.	**Дайте мне чек, пожалуйста.** [dajte mne 'ʧek, pa'ʒaləstə]
Gardez la monnaie.	**Сдачи не надо.** [sdatʃi ne 'nadə]

Attendez-moi, s'il vous plaît ...	**Подождите меня, пожалуйста.** [padaʒ'dite me'ɲa, pa'ʒaləstə]
cinq minutes	**5 минут** [pʲatʲ mi'nʊt]
dix minutes	**10 минут** ['desʲatʲ mi'nʊt]
quinze minutes	**15 минут** [pit'natsatʲ mi'nʊt]
vingt minutes	**20 минут** ['dvatsatʲ mi'nʊt]
une demi-heure	**полчаса** [pɔlʧa'sa]

Hôtel

Bonjour.

Здравствуйте.
['zdrastvujte]

Je m'appelle …

Меня зовут …
[mi'na za'vut …]

J'ai réservé une chambre.

Я резервировал /резервировала/ номер.
[ja rezer'virəval /rezer'virəvala/ 'nɔmer]

Je voudrais …

Мне нужен …
[mne 'nuʒən …]

une chambre simple

одноместный номер
[ədna'mesnij 'nɔmer]

une chambre double

двухместный номер
[dvʊh'mesnij 'nɔmer]

C'est combien?

Сколько он стоит?
['skolʲkə ɔn 'stɔit?]

C'est un peu cher.

Это немного дорого.
[ɛtə nem'nɔgə 'dɔragə]

Avez-vous autre chose?

У вас есть еще что-нибудь?
[u vas estʲ e'ɕɔ ʃto ni'butʲ?]

Je vais la prendre.

Я возьму его.
[ja vazʲ'mu e'vɔ]

Je vais payer comptant.

Я заплачу наличными.
[ja zapla'ʧu na'liʧnimi]

J'ai un problème.

У меня проблема.
[u me'na prab'lema]

Mon … est cassé /Ma … est cassée/

Мой … сломан /Моя … сломана/
[mɔj … 'sloman /ma'ja … 'slomana/]

Mon /Ma/ … ne fonctionne pas.

Мой /Моя/ … не работает.
[mɔj /ma'ja/ … ne ra'botaet]

télé

телевизор (м)
[tele'wizər]

air conditionné

кондиционер (м)
[kəndiʦia'ner]

robinet

кран (м)
[kran]

douche

душ (м)
[dʊʃ]

évier

раковина (ж)
['rakəwina]

coffre-fort	**сейф (м)** [sɛjf]
serrure de porte	**замок (м)** [za'mɔk]
prise électrique	**розетка (ж)** [ra'zetka]
sèche-cheveux	**фен (м)** [fen]

Je n'ai pas …	**У меня нет …** [u me'ɲa net …]
d'eau	**воды** [va'dɪ]
de lumière	**света** ['sweta]
d'électricité	**электричества** [ɛlekt'ritʃestva]

Pouvez-vous me donner …?	**Можете мне дать …?** ['mɔʒete mne datʲ …?]
une serviette	**полотенце** [pala'tentse]
une couverture	**одеяло** [ade'jalə]
des pantoufles	**тапочки** ['tapətʃki]
une robe de chambre	**халат** [ha'lat]
du shampoing	**шампунь** [ʃʌm'pʊnʲ]
du savon	**мыло** ['mɪlə]

Je voudrais changer ma chambre.	**Я хотел бы /хотела бы/ поменять номер.** [ja ha'tel /ha'tela/ bɪ pame'ɲatʲ 'nɔmer]
Je ne trouve pas ma clé.	**Я не могу найти свой ключ.** [ja ne ma'gʊ naj'ti svɔj klʲʊtʃ]
Pourriez-vous ouvrir ma chambre, s'il vous plaît?	**Откройте мой номер, пожалуйста.** [atk'rɔjte mɔj 'nɔmer, pa'ʒaləstə]
Qui est là?	**Кто там?** [ktɔ tam?]
Entrez!	**Войдите!** [vaj'dite!]
Une minute!	**Одну минуту!** [ad'nʊ mi'nʊtʊ!]

Pas maintenant, s'il vous plaît.	**Пожалуйста, не сейчас.** [pa'ʒaləstə, ne se'tʃas]
Pouvez-vous venir à ma chambre, s'il vous plaît.	**Зайдите ко мне, пожалуйста.** [zaj'dite kam'ne, pa'ʒaləstə]

J'aimerais avoir le service d'étage.	**Я хочу сделать заказ еды в номер.** [ja ha'tʃu 'sdelatʲ za'kas e'dɪ v 'nɔmer]
Mon numéro de chambre est le ...	**Мой номер комнаты ...** [mɔj 'nɔmer 'kɔmnatɪ ...]

Je pars ...	**Я уезжаю ...** [ja ue'ʐʐaʲʉ ...]
Nous partons ...	**Мы уезжаем ...** [mɪ ue'ʐʐaem ...]
maintenant	**сейчас** [se'tʃas]
cet après-midi	**сегодня после обеда** [se'vɔdɲa 'pɔsle a'beda]
ce soir	**сегодня вечером** [se'vɔdɲa 'wetʃerəm]
demain	**завтра** ['zaftra]
demain matin	**завтра утром** ['zaftra 'utrəm]
demain après-midi	**завтра вечером** ['zaftra 'wetʃerəm]
après-demain	**послезавтра** [pɔsle'zaftra]

Je voudrais régler mon compte.	**Я хотел бы /хотела бы/ рассчитаться.** [ja ha'tel /ha'tela/ bɪ rasɕi'tatsa]
Tout était merveilleux.	**Всё было отлично.** [vsʲo 'bɪlə at'litʃnə]
Où puis-je trouver un taxi?	**Где я могу взять такси?** [gde ja ma'gʊ vzʲatʲ tak'si?]
Pourriez-vous m'appeler un taxi, s'il vous plaît?	**Вызовите мне такси, пожалуйста.** [vɪzawite mne tak'si, pa'ʐaləstə]

Restaurant

Puis-je voir le menu, s'il vous plaît?

Могу я посмотреть ваше меню?
[ma'gʊ ja pasmat'retʲ 'vaʃə me'nʲʉ?]

Une table pour une personne.

Столик для одного.
[stɔlik dʎa adna'vɔ]

Nous sommes deux (trois, quatre).

Нас двое (трое, четверо).
[nas 'dvɔe ('trɔe, 'tʃetwerə)]

Fumeurs

Для курящих
[dʎa kʊ'rʲaɕih]

Non-fumeurs

Для некурящих
[dʎa nekʊ'rʲaɕih]

S'il vous plaît!

Будьте добры!
['bʊtʲte dab'rɪ!]

menu

меню
[me'nʲʉ]

carte des vins

карта вин
['karta win]

Le menu, s'il vous plaît.

Меню, пожалуйста.
[me'nʲʉ, pa'ʒaləstə]

Êtes-vous prêts à commander?

Вы готовы сделать заказ?
[vɪ ga'tɔvɪ 'sdelatʲ za'kas?]

Qu'allez-vous prendre?

Что вы будете заказывать?
[ʃto vɪ 'bʊdete za'kazɪvatʲ?]

Je vais prendre …

Я буду …
[ja 'bʊdʊ …]

Je suis végétarien.

Я вегетарианец /вегетарианка/.
[ja wegetari'anets /wegetari'anka/]

viande

мясо
['mʲasə]

poisson

рыба
['rɪba]

légumes

овощи
['ɔvaɕi]

Avez-vous des plats végétariens?

У вас есть вегетарианские блюда?
[u vas estʲ wegetari'anskie b'lʲʉda?]

Je ne mange pas de porc.

Я не ем свинину.
[ja ne 'em svi'ninʊ]

Il /elle/ ne mange pas de viande.

Он /она/ не ест мясо.
[an /a'na/ ne est 'mʲasə]

Je suis allergique à …

У меня аллергия на …
[u me'ɲa aler'gija na …]

Pourriez-vous m'apporter ..., s'il vous plaît.	Принесите мне, пожалуйста ... [prine'site mne, pa'ʒaləstə ...]
le sel | le poivre | du sucre	соль | перец | сахар [sɔlʲ | 'pereʦ | 'sahar]
un café | un thé | un dessert	кофе | чай | десерт ['kɔfe | ʧaj | de'sert]
de l'eau | gazeuse | plate	вода | с газом | без газа [va'da | s 'gazəm | bes 'gaza]
une cuillère | une fourchette | un couteau	ложка | вилка | нож ['lɔʃka | 'wilka | nɔʃ]
une assiette | une serviette	тарелка | салфетка [ta'relka | sal'fetka]

Bon appétit!	Приятного аппетита! [pri'jatnəvə ape'tita!]
Un de plus, s'il vous plaît.	Принесите ещё, пожалуйста. [prine'site e'ɕo, pa'ʒaləstə]
C'était délicieux.	Было очень вкусно. ['bɪlə 'ɔʧenʲ 'vkusnə]

l'addition | de la monnaie | le pourboire	счёт | сдача | чаевые [ɕʲot | 'sdatʃə | ʧəi'vɪe]
L'addition, s'il vous plaît.	Счёт, пожалуйста. [ɕʲot, pa'ʒaləstə]
Puis-je payer avec la carte?	Могу я заплатить карточкой? [ma'gʊ ja zapla'titʲ 'kartəʧkəj?]
Excusez-moi, je crois qu'il y a une erreur ici.	Извините, здесь ошибка. [izwi'nite, zdesʲ a'ʃipka]

Shopping. Faire les Magasins

Est-ce que je peux vous aider?
Могу я вам помочь?
[ma'gʊ ja vam pa'moʧ?]

Avez-vous ... ?
У вас есть ...?
[u vas estʲ ...?]

Je cherche ...
Я ищу ...
[ja i'ɕu ...]

Il me faut ...
Мне нужен ...
[mne 'nʊʒən ...]

Je regarde seulement, merci.
Я просто смотрю.
[ja 'prɔstə smat'rʲu]

Nous regardons seulement, merci.
Мы просто смотрим.
[mɪ 'prɔstə 'smɔtrim]

Je reviendrai plus tard.
Я зайду позже.
[ja zaj'dʊ 'pɔʑʑə]

On reviendra plus tard.
Мы зайдём позже.
[mɪ zaj'dʲom 'pɔʑʑə]

Rabais | Soldes
скидки | распродажа
['skitki | raspra'daʒa]

Montrez-moi, s'il vous plaît ...
Покажите мне, пожалуйста ...
[paka'ʑite mne, pa'ʒaləstə ...]

Donnez-moi, s'il vous plaît ...
Дайте мне, пожалуйста ...
[dajte mne, pa'ʒaləstə ...]

Est-ce que je peux l'essayer?
Могу я это примерить?
[ma'gʊ ja 'ɛtə pri'meritʲ?]

Excusez-moi, où est la cabine d'essayage?
Извините, где примерочная?
[izwi'nite, gde pri'merəʧnəja?]

Quelle couleur aimeriez-vous?
Какой цвет вы хотите?
[ka'kɔj ʦwet vɪ ha'tite?]

taille | longueur
размер | рост
[raz'mer | rɔst]

Est-ce que la taille convient ?
Подошло?
[pada'ʃlɔ?]

Combien ça coûte?
Сколько это стоит?
['skɔlʲkə 'ɛtə 'stɔit?]

C'est trop cher.
Это слишком дорого.
['ɛtə 'sliʃkəm 'dɔrəgə]

Je vais le prendre.
Я возьму это.
[ja vɔzʲ'mʊ 'ɛtə]

Excusez-moi, où est la caisse?
Извините, где касса?
[izwi'nite, gde 'kassa?]

Payerez-vous comptant ou par carte de crédit?	**Как вы будете платить?** [kak vɪ 'budete pla'tit^j?]
Comptant | par carte de crédit	**наличными | карточкой** [na'litʃnɪmi | 'kartətʃkəj]

Voulez-vous un reçu?	**Вам нужен чек?** [vam 'nuʒən tʃek?]
Oui, s'il vous plaît.	**Да, будьте добры.** [da, 'butʲte dab'rɪ]
Non, ce n'est pas nécessaire.	**Нет, не надо. Спасибо.** [net, ne 'nadə. spa'sibə]
Merci. Bonne journée!	**Спасибо. Всего хорошего!** [spa'sibə. vse'vɔ ha'rɔʃəvə!]

En ville

Excusez-moi, ...	**Извините, пожалуйста ...** [izwi'nite, pa'ʒalǝstǝ ...]
Je cherche ...	**Я ищу ...** [ja i'ɕu ...]

le métro	**метро** [me'trɔ]
mon hôtel	**свою гостиницу** [svɔ'ʮ gas'tinitsu]
le cinéma	**кинотеатр** [kinǝte'atr]
un arrêt de taxi	**стоянку такси** [sta'janku tak'si]

un distributeur	**банкомат** [banka'mat]
un bureau de change	**обмен валют** [ab'men va'lʮt]
un café internet	**интернет-кафе** [intɛr'nɛt ka'fɛ]
la rue ...	**улицу ...** [ulitsu ...]
cette place-ci	**вот это место** [vɔt 'ɛtǝ 'mestǝ]

Savez-vous où se trouve ...?	**Вы не знаете, где находится ...?** [vɪ ne 'znaete, gde na'hɔditsa ...?]
Quelle est cette rue?	**Как называется эта улица?** [kak nazɪ'vaetsa 'ɛta 'ulitsa?]
Montrez-moi où sommes-nous, s'il vous plaît.	**Покажите, где мы сейчас.** [paka'ʒite, gde mɪ se'tʃas]

Est-ce que je peux y aller à pied?	**Я дойду туда пешком?** [ja daj'du tu'da peʃ'kom?]
Avez-vous une carte de la ville?	**У вас есть карта города?** [u vas estʲ 'karta 'gɔrada?]

C'est combien pour un ticket?	**Сколько стоит билет?** ['skɔlʲkǝ 'stɔit bi'let?]
Est-ce que je peux faire des photos?	**Здесь можно фотографировать?** [zdesʲ 'mɔʒnǝ fotagra'firǝvatʲ?]
Êtes-vous ouvert?	**Вы открыты?** [vɪ atk'rɪtɪ?]

À quelle heure ouvrez-vous?

Во сколько вы открываетесь?
[vɔ 'skolʲkə vɪ atkrɪ'vaetesʲ?]

À quelle heure fermez-vous?

До которого часа вы работаете?
[dɔ ka'tɔrəvə 'ʧasa vɪ ra'bɔtaete?]

L'argent

argent	**деньги** ['denʲgi]
argent liquide	**наличные деньги** [na'litʃnɪe 'denʲgi]
des billets	**бумажные деньги** [bʊ'maʒnɪe 'denʲgi]
petite monnaie	**мелочь** ['melotʃ]
l'addition	de la monnaie	le pourboire	**счет	сдача	чаевые** [ɕʲot	'sdatʃə	tʃəi'vɪe]

carte de crédit	**кредитная карточка** [kre'ditnəja 'kartətʃka]
portefeuille	**бумажник** [bʊ'maʒnik]
acheter	**покупать** [pakʊ'patʲ]
payer	**платить** [pla'titʲ]
amende	**штраф** [ʃtraf]
gratuit	**бесплатно** [bisp'latnə]

Où puis-je acheter … ?	**Где я могу купить …?** [gde ja ma'gʊ kʊ'pitʲ …?]
Est-ce que la banque est ouverte en ce moment?	**Банк сейчас открыт?** [bank se'tʃas atk'rɪt?]
À quelle heure ouvre-t-elle?	**Во сколько он открывается?** [vɔ 'skolʲkə on atkrɪ'vaetsa?]
À quelle heure ferme-t-elle?	**До которого часа он работает?** [dɔ ka'torəvə 'tʃasa an ra'botaet?]

C'est combien?	**Сколько?** ['skolʲkə?]
Combien ça coûte?	**Сколько это стоит?** ['skolʲkə 'ɛtə 'stoit?]
C'est trop cher.	**Это слишком дорого.** ['ɛtə 'sliʃkəm 'dorəgə]

Excusez-moi, où est la caisse?	**Извините, где касса?** [izwi'nite, gde 'kassa?]
L'addition, s'il vous plaît.	**Счёт, пожалуйста.** [ɕʲot, pa'ʒaləstə]

Puis-je payer avec la carte?	**Могу я заплатить карточкой?** [ma'gʊ ja zapla'tit' 'kartətʃkəj?]
Est-ce qu'il y a un distributeur ici?	**Здесь есть банкомат?** [zdes' est' banka'mat?]
Je cherche un distributeur.	**Мне нужен банкомат.** [mne 'nʊʒən banka'mat]

Je cherche un bureau de change.	**Я ищу обмен валют.** [ja i'ɕu ab'men va'l'ʊt]
Je voudrais changer ...	**Я бы хотел /хотела/ поменять ...** [ja bɪ ha'tel /ha'tela/ pame'nat' ...]
Quel est le taux de change?	**Какой курс обмена?** [ka'koj kʊrs ab'mena]
Avez-vous besoin de mon passeport?	**Вам нужен мой паспорт?** [vam 'nʊʒən moj 'paspərt?]

Le temps

Quelle heure est-il?	**Который час?** [ka'torıj ʧas?]
Quand?	**Когда?** [kag'da?]
À quelle heure?	**Во сколько?** [va 'skolʲkə?]
maintenant | plus tard | après ...	**сейчас | позже | после ...** [se'ʧas | 'poʐʐe | 'posle ...]

une heure	**Час дня** [ʧas dɲa]
une heure et quart	**Час пятнадцать** [ʧas pit'naʦatʲ]
une heure et demie	**Час тридцать** [ʧas t'ritʦatʲ]
deux heures moins quart	**Без пятнадцати два** [bez pit'naʦati dva]

un | deux | trois	**один | два | три** [a'din | dva | tri]
quatre | cinq | six	**четыре | пять | шесть** [ʧe'tıre | pʲatʲ | ʃestʲ]
sept | huit | neuf	**семь | восемь | девять** [semʲ | 'vosemʲ | 'devʲatʲ]
dix | onze | douze	**десять | одиннадцать | двенадцать** ['desʲatʲ | a'dinnaʦatʲ | dwi'naʦatʲ]

dans ...	**через ...** [ʧerez ...]
cinq minutes	**5 минут** [pʲatʲ mi'nut]
dix minutes	**10 минут** ['desʲatʲ mi'nut]
quinze minutes	**15 минут** [pit'naʦatʲ mi'nut]
vingt minutes	**20 минут** ['dvaʦatʲ mi'nut]

une demi-heure	**полчаса** [polʧa'sa]
une heure	**один час** [a'din ʧas]

dans la matinée	утром ['utrəm]
tôt le matin	рано утром [ranə 'utrəm]
ce matin	сегодня утром [se'vɔdɲa 'utrəm]
demain matin	завтра утром ['zaftrə 'utrəm]

à midi	в обед [v a'bet]
dans l'après-midi	после обеда ['pɔsle a'beda]
dans la soirée	вечером ['wetʃerəm]
ce soir	сегодня вечером [se'vɔdɲa 'wetʃerəm]

la nuit	ночью ['nɔtʃʲʉ]
hier	вчера [vtʃe'ra]
aujourd'hui	сегодня [si'vɔdɲa]
demain	завтра ['zaftra]
après-demain	послезавтра [pɔsle'zaftra]

Quel jour sommes-nous aujourd'hui?	Какой сегодня день? [ka'kɔj si'vɔdɲa denʲ?]
Nous sommes …	Сегодня … [se'vɔdɲa …]
lundi	понедельник [pani'delʲnik]
mardi	вторник ['ftɔrnik]
mercredi	среда [sri'da]

jeudi	четверг [tʃet'werk]
vendredi	пятница ['pʲatnitsa]
samedi	суббота [sʊ'bɔta]
dimanche	воскресение [vaskrə'seɲje]

Salutations - Introductions

Bonjour.
Здравствуйте.
['zdrastvʊjte]

Enchanté /Enchantée/
Рад /рада/ с вами познакомиться.
[rad /'rada/ s 'vami pazna'komiʦa]

Moi aussi.
Я тоже.
[ja 'toʒɛ]

Je voudrais vous présenter ...
Знакомьтесь. Это ...
[zna'komʲtesʲ. 'ɛte ...]

Ravi /Ravie/ de vous rencontrer.
Очень приятно.
[ɔtʃenʲ pri'jatnə]

Comment allez-vous?
Как вы? | Как у вас дела?
[kak vɪ? | kak u vas de'la?]

Je m'appelle ...
Меня зовут ...
[mi'ɲa za'vʊt ...]

Il s'appelle ...
Его зовут ...
[e'vɔ za'vʊt ...]

Elle s'appelle ...
Её зовут ...
[eʲo za'vʊt ...]

Comment vous appelez-vous?
Как вас зовут?
[kak vas za'vʊt?]

Quel est son nom?
Как его зовут?
[kak e'vɔ za'vʊt?]

Quel est son nom?
Как ее зовут?
[kak eʲo za'vʊt?]

Quel est votre nom de famille?
Как ваша фамилия?
[kak 'vaʃʌ fa'milija?]

Vous pouvez m'appeler ...
Зовите меня ...
[za'wite me'ɲa ...]

D'où êtes-vous?
Откуда вы?
[at'kʊda vɪ]

Je suis de ...
Я из ...
[ja iz ...]

Qu'est-ce que vous faites dans la vie?
Кем вы работаете?
[kem vɪ ra'botaete?]

Qui est-ce?
Кто это?
[ktɔ 'ɛtə?]

Qui est-il?
Кто он?
[ktɔ ɔn?]

Qui est-elle?
Кто она?
[ktɔ a'na?]

Qui sont-ils?
Кто они?
[ktɔ a'ni?]

C'est ...

Это ...
['ɛtə ...]

mon ami

мой друг
[mɔj drʊk]

mon amie

моя подруга
[ma'ja pad'rʊga]

mon mari

мой муж
[mɔj mʊʃ]

ma femme

моя жена
[ma'ja ʒi'na]

mon père

мой отец
[mɔj a'tets]

ma mère

моя мама
[ma'ja 'mama]

mon frère

мой брат
[mɔj brat]

ma sœur

моя сестра
[ma'ja sist'ra]

mon fils

мой сын
[mɔj sɪn]

ma fille

моя дочь
[ma'ja dɔʧ]

C'est notre fils.

Это наш сын.
['ɛtə naʃ sɪn]

C'est notre fille.

Это наша дочь.
['ɛtə 'naʃʌ dɔʧ]

Ce sont mes enfants.

Это мои дети.
['ɛtə ma'i 'deti]

Ce sont nos enfants.

Это наши дети.
['ɛtə 'naʃi 'deti]

Les adieux

Au revoir!	**До свидания!** [dɔ swi'danija!]
Salut!	**Пока!** [pa'ka!]
À demain.	**До завтра.** [dɔ 'zaftra]
À bientôt.	**До встречи.** [dɔ vstr'etʃi]
On se revoit à sept heures.	**Встретимся в семь.** [vstr'etimsʲa v semʲ]

Amusez-vous bien!	**Развлекайтесь!** [razvle'kajtesʲ!]
On se voit plus tard.	**Поговорим попозже.** [pagava'rim pa'pɔʑʑə]
Bonne fin de semaine.	**Удачных выходных.** [u'datʃnɨh vɨhad'nɨh]
Bonne nuit.	**Спокойной ночи.** [spa'kɔjnəj 'nɔtʃi]

Il est l'heure que je parte.	**Мне пора.** [mne pa'ra]
Je dois m'en aller.	**Мне надо идти.** [mne 'nadə it'ti]
Je reviens tout de suite.	**Я сейчас вернусь.** [ja se'tʃas wer'nusʲ]

Il est tard.	**Уже поздно.** [u'ʒɛ 'pɔzdnə]
Je dois me lever tôt.	**Мне рано вставать.** [mne 'ranə vsta'vatʲ]
Je pars demain.	**Я завтра уезжаю.** [ja 'zaftra ue'ʑʑaʲʉ]
Nous partons demain.	**Мы завтра уезжаем.** [mɨ 'zaftra ue'ʑʑaem]

Bon voyage!	**Счастливой поездки!** [ɕas'livəj pa'eztki!]
Enchanté de faire votre connaissance.	**Было приятно с вами познакомиться.** ['bɨlə pri'jatnə s 'vami pazna'kɔmitsa]
Heureux /Heureuse/ d'avoir parlé avec vous.	**Было приятно с вами пообщаться.** ['bɨlə pri'jatnə s 'vami paab'ɕatsa]

Merci pour tout.	**Спасибо за всё.** [spa'sibə za 'vsʲo]
Je me suis vraiment amusé /amusée/	**Я прекрасно провёл /провела/ время.** [ja pre'krasnə pra'wʲol /prawe'la/ 'vremʲa]
Nous nous sommes vraiment amusés /amusées/	**Мы прекрасно провели время.** [mɪ pre'krasnə prawe'li 'vremʲa]
C'était vraiment plaisant.	**Всё было замечательно.** [vsʲo 'bɪlə zame'tʃatelʲnə]
Vous allez me manquer.	**Я буду скучать.** [ja 'bʊdʊ skʊ'tʃatʲ]
Vous allez nous manquer.	**Мы будем скучать.** [mɪ 'bʊdem skʊ'tʃatʲ]
Bonne chance!	**Удачи! Счастливо!** [u'datʃi! 'ɕaslivə!]
Mes salutations à …	**Передавайте привет …** [pereda'vajte pri'wet …]

Une langue étrangère

Je ne comprends pas.	**Я не понимаю.** [ja ne pani'maʲʉ]
Écrivez-le, s'il vous plaît.	**Напишите это, пожалуйста.** [napi'ʃite 'ɛtə, pa'ʒaləstə]
Parlez-vous ...?	**Вы знаете ...?** [vɪ 'znaete ...?]

Je parle un peu ...	**Я немного знаю ...** [ja nem'nɔgə 'znaʲʉ ...]
anglais	**английский** [ang'lijskij]
turc	**турецкий** [tʉ'retskij]
arabe	**арабский** [a'rapskij]
français	**французский** [fran'tsuskij]

allemand	**немецкий** [ne'metskij]
italien	**итальянский** [ita'ljanskij]
espagnol	**испанский** [is'panskij]
portugais	**португальский** [partʉgalʲskij]
chinois	**китайский** [ki'tajskij]
japonais	**японский** [ja'pɔnskij]

Pouvez-vous le répéter, s'il vous plaît.	**Повторите, пожалуйста.** [pavta'rite, pa'ʒaləstə]
Je comprends.	**Я понимаю.** [ja pani'maʲʉ]
Je ne comprends pas.	**Я не понимаю.** [ja ne pani'maʲʉ]
Parlez plus lentement, s'il vous plaît.	**Говорите медленнее, пожалуйста.** [gava'rite 'medlenee, pa'ʒaləstə]

Est-ce que c'est correct?	**Это правильно?** ['ɛtə 'prawilʲnə?]
Qu'est-ce que c'est?	**Что это?** [ʃto 'ɛtə?]

Les excuses

Excusez-moi, s'il vous plaît.	**Извините, пожалуйста.** [izwi'nite, pa'ʒaləstə]
Je suis désolé /désolée/	**Я сожалею.** [ja saʒe'leʲʮ]
Je suis vraiment /désolée/	**Мне очень жаль.** [mne 'otʃenʲ ʒalʲ]
Désolé /Désolée/, c'est ma faute.	**Виноват /Виновата/, это моя вина.** [wina'vat /wina'vata/, 'ɛtə ma'ja wi'na]
Au temps pour moi.	**Моя ошибка.** [ma'ja a'ʃipka]

Puis-je … ?	**Могу я …?** [ma'gʊ ja …?]
Ça vous dérange si je …?	**Вы не будете возражать, если я …?** [vɪ ne 'bʊdete vazra'ʒatʲ, 'esli ja …?]
Ce n'est pas grave.	**Ничего страшного.** [niʧe'vɔ 'straʃnəvə]
Ça va.	**Всё в порядке.** [vsʲo v pa'rʲatke]
Ne vous inquiétez pas.	**Не беспокойтесь.** [ne bespa'kojtesʲ]

Les accords

Oui	**Да.** [da]
Oui, bien sûr.	**Да, конечно.** [da, ka'neʃnə]
Bien.	**Хорошо!** [hara'ʃo!]
Très bien.	**Очень хорошо.** ['ɔtʃenʲ hara'ʃo]
Bien sûr!	**Конечно!** [ka'neʃnə!]
Je suis d'accord.	**Я согласен /согласна/.** [ja sag'lasen /sag'lasna/]
C'est correct.	**Верно.** ['wernə]
C'est exact.	**Правильно.** ['prawilʲnə]
Vous avez raison.	**Вы правы.** [vɪ 'pravɪ]
Je ne suis pas contre.	**Я не возражаю.** [ja ne vazra'ʒaʲʉ]
Tout à fait correct.	**Совершенно верно.** [sawer'ʃɛnnə 'wernə]
C'est possible.	**Это возможно.** ['ɛtə vaz'mɔʒnə]
C'est une bonne idée.	**Это хорошая мысль.** [ɛtə ha'roʃeja mɪslʲ]
Je ne peux pas dire non.	**Не могу отказать.** [ne ma'gʊ atka'zatʲ]
J'en serai ravi /ravie/	**Буду рад /рада/.** [bʊdʊ rad /'rada/]
Avec plaisir.	**С удовольствием.** [s uda'volʲstwiem]

Refus, exprimer le doute

Non
Нет.
[net]

Absolument pas.
Конечно нет.
[ka'neʃnə net]

Je ne suis pas d'accord.
Я не согласен /не согласна/.
[ja ne sag'lasen /ne sag'lasna/]

Je ne le crois pas.
Я так не думаю.
[ja tak ne 'duma^ʲu]

Ce n'est pas vrai.
Это неправда.
['ɛtə nep'ravda]

Vous avez tort.
Вы неправы.
[vɪ nep'ravɪ]

Je pense que vous avez tort.
Я думаю, что вы неправы.
[ja 'duma^ʲu, ʃtɔ vɪ nep'ravɪ]

Je ne suis pas sûr /sûre/
Не уверен /не уверена/.
[ne u'veren /ne u'verena/]

C'est impossible.
Это невозможно.
['ɛtə nevaz'mɔʒnə]

Pas du tout!
Ничего подобного!
[niʧe'vɔ pa'dɔbnəvə!]

Au contraire!
Наоборот!
[naaba'rɔt!]

Je suis contre.
Я против.
[ja 'prɔtiv]

Ça m'est égal.
Мне всё равно.
[mne vsʲo rav'nɔ]

Je n'ai aucune idée.
Понятия не имею.
[pa'ɲatija ne i'me^ʲu]

Je doute que cela soit ainsi.
Сомневаюсь, что это так.
[samne'va^ʲusʲ, ʃtɔ 'ɛtə tak]

Désolé /Désolée/, je ne peux pas.
Извините, я не могу.
[izwi'nite, ja ne ma'gu]

Désolé /Désolée/, je ne veux pas.
Извините, я не хочу.
[izwi'nite, ja ne ha'ʧu]

Merci, mais ça ne m'intéresse pas.
Спасибо, мне это не нужно.
[spa'sibə, mne 'ɛtə ne 'nuʒnə]

Il se fait tard.
Уже поздно.
[u'ʒɛ 'pɔzdnə]

Je dois me lever tôt.

Мне рано вставать.
[mne 'ranə vsta'vatʲ]

Je ne me sens pas bien.

Я плохо себя чувствую.
[ja 'plɔhə se'bʲa 'ʧustvʊʲʉ]

Exprimer la gratitude

Merci.
Спасибо.
[spa'sibə]

Merci beaucoup.
Спасибо большое.
[spa'sibə balʲ'ʃoe]

Je l'apprécie beaucoup.
Очень признателен /признательна/.
[ɔtʃenʲ priz'natelen /priz'natelʲna/]

Je vous suis très reconnaissant.
Я вам благодарен /благодарна/.
[ja vam blaga'daren /blaga'darna/]

Nous vous sommes très reconnaissant.
Мы Вам благодарны.
[mɪ vam blaga'darnɪ]

Merci pour votre temps.
Спасибо, что потратили время.
[spa'sibə, ʃto pat'ratili 'vremʲa]

Merci pour tout.
Спасибо за всё.
[spa'sibə za 'vsʲo]

Merci pour ...
Спасибо за ...
[spa'sibə za ...]

votre aide
вашу помощь
[vaʃu 'pomaɕ]

les bons moments passés
хорошее время
[ha'rɔʃee 'vremʲa]

---

un repas merveilleux
прекрасную еду
[pre'krasnu̞ʉ e'du]

cette agréable soirée
приятный вечер
[pri'jatnɪj 'wetʃer]

cette merveilleuse journée
замечательный день
[zami'tʃatelʲnɪj denʲ]

une excursion extraordinaire
интересную экскурсию
[inte'resnu̞ʉ ɛks'kursiʲʉ]

Il n'y a pas de quoi.
Не за что.
[ne za ʃtə]

Vous êtes les bienvenus.
Не стоит благодарности.
[ne 'stɔit blaga'darnasti]

Mon plaisir.
Всегда пожалуйста.
[vseg'da pa'ʒaləsta]

J'ai été heureux /heureuse/
de vous aider.
Был рад /Была рада/ помочь.
[bɪl rad /bɪ'la 'rada/ pa'mɔtʃ]

Ça va. N'y pensez plus.
Забудьте. Всё в порядке.
[za'butʲte. fsʲo f pɔ'rʲatke]

Ne vous inquiétez pas.
Не беспокойтесь.
[ne bespa'kɔjtesʲ]

Félicitations. Vœux de fête

Félicitations!	**Поздравляю!** [pazdrav'ʎaʲʉ!]
Joyeux anniversaire!	**С днём рождения!** [s 'dnʲom raʒ'denija!]
Joyeux Noël!	**Весёлого рождества!** [we'sʲoləvə raʒdest'va!]
Bonne Année!	**С Новым годом!** [s 'nɔvɪm 'gɔdəm!]
Joyeuses Pâques!	**Со Светлой Пасхой!** [sɔ 'swetləj 'pashəj!]
Joyeux Hanoukka!	**Счастливой Хануки!** [ɕas'livəj 'hanʊki!]
Je voudrais proposer un toast.	**У меня есть тост.** [u me'ɲa estʲ tɔst]
Santé!	**За ваше здоровье!** [za 'vaʃə zda'rɔvje]
Buvons à …!	**Выпьем за … !** ['vɪpjem za … !]
À notre succès!	**За наш успех!** [za naʃ us'peh!]
À votre succès!	**За ваш успех!** [za vaʃ us'peh!]
Bonne chance!	**Удачи!** [u'datɕi!]
Bonne journée!	**Приятного вам дня!** [pri'jatnəvə vam dɲa!]
Passez de bonnes vacances !	**Хорошего вам отдыха!** [ha'rɔʃəvə vam 'ɔtdɪha!]
Bon voyage!	**Удачной поездки!** [u'datʃnəj pa'eztki!]
Rétablissez-vous vite.	**Желаю вам скорого выздоровления!** [ʒe'laʲʉ vam 'skɔrəvə vɪzdarav'lenija!]

Socialiser

Pourquoi êtes-vous si triste?	**Почему вы расстроены?** [patʃe'mʊ vɪ rast'rɔenɪ?]
Souriez!	**Улыбнитесь!** [ulɪb'niteslʲ]
Êtes-vous libre ce soir?	**Вы не заняты сегодня вечером?** [vɪ ne zaɲatɪ se'vɔdɲa 'wetʃerəm?]
Puis-je vous offrir un verre?	**Могу я предложить вам выпить?** [ma'gʊ ja predla'ʒitʲ vam 'vɪpitʲ?]
Voulez-vous danser?	**Не хотите потанцевать?** [ne ha'tite patantse'vatʲ?]
Et si on va au cinéma?	**Может сходим в кино?** ['mɔʒet 'shɔdim v ki'nɔ?]
Puis-je vous inviter …	**Могу я пригласить вас в …?** [ma'gʊ ja prigla'sitʲ vas v …?]
au restaurant	**ресторан** [resta'ran]
au cinéma	**кино** [ki'nɔ]
au théâtre	**театр** [te'atr]
pour une promenade	**на прогулку** [na pra'gʊlkʊ]
À quelle heure?	**Во сколько?** [va 'skɔlʲkə?]
ce soir	**сегодня вечером** [se'vɔdɲa 'wetʃerəm]
à six heures	**в 6 часов** [v ʃɛstʲ tʃa'sof]
à sept heures	**в 7 часов** [v semʲ tʃa'sof]
à huit heures	**в 8 часов** [v 'vɔsemʲ tʃa'sof]
à neuf heures	**в 9 часов** [v 'devʲatʲ tʃa'sof]
Est-ce que vous aimez cet endroit?	**Вам здесь нравится?** [vam zdeslʲ 'nrawitsa?]
Êtes-vous ici avec quelqu'un?	**Вы здесь с кем-то?** [vɪ zdeslʲ s 'kem tə?]
Je suis avec mon ami.	**Я с другом /подругой/.** [ja s 'drʊgəm /pad'rʊgəj/]

Je suis avec mes amis.

Я с друзьями.
[ja s drʊ'zjiami]

Non, je suis seul /seule/

Я один /одна/.
[ja a'din /ad'na/]

As-tu un copain?

У тебя есть приятель?
[u te'bia esti pri'jateli?]

J'ai un copain.

У меня есть друг.
[u me'na esti drʊk]

As-tu une copine?

У тебя есть подружка?
[u te'bia esti pad'rʊʃka?]

J'ai une copine.

У меня есть девушка.
[u me'na esti 'devʊʃka]

Est-ce que je peux te revoir?

Мы еще встретимся?
[mɪ e'ɕo vst'retimsia?]

Est-ce que je peux t'appeler?

Можно я тебе позвоню?
[mɔʒnə ja te'be pazva'niʉ?]

Appelle-moi.

Позвони мне.
[pazva'ni mne]

Quel est ton numéro?

Какой у тебя номер?
[ka'kɔj u te'bia 'nomer?]

Tu me manques.

Я скучаю по тебе.
[ja skʊ'tʃaiʉ pa te'be]

Vous avez un très beau nom.

У вас очень красивое имя.
[u vas 'ɔtʃeni kra'sivae 'imia]

Je t'aime.

Я тебя люблю.
[ja te'bia liʉb'liʉ]

Veux-tu te marier avec moi?

Выходи за меня.
[vɪha'di za me'na]

Vous plaisantez!

Вы шутите!
[vɪ 'ʃutite!]

Je plaisante.

Я просто шучу.
[ja 'prɔstə ʃʊ'tʃu]

Êtes-vous sérieux /sérieuse/?

Вы серьезно?
[vɪ se'rjoznə?]

Je suis sérieux /sérieuse/

Я серьёзно.
[ja se'rjioznə]

Vraiment?!

Правда?!
['pravda?!]

C'est incroyable!

Это невероятно!
['ɛtə newera'jatnə]

Je ne vous crois pas.

Я вам не верю.
[ja vam ne 'weriʉ]

Je ne peux pas.

Я не могу.
[ja ne ma'gʊ]

Je ne sais pas.

Я не знаю.
[ja ne 'znaiʉ]

Je ne vous comprends pas

Я вас не понимаю.
[ja vas ne pani'maiʉ]

Laissez-moi! Allez-vous-en! **Уйдите, пожалуйста.**
[uj'dite, pa'ʒaləstə]

Laissez-moi tranquille! **Оставьте меня в покое!**
[as'tavʲte meʲɲa v pa'kɔe!]

Je ne le supporte pas. **Я его не выношу.**
[ja e'gɔ ne vɪna'ʃʊ]

Vous êtes dégoûtant! **Вы отвратительны!**
[vɪ atvra'titelʲnɪ!]

Je vais appeler la police! **Я вызову полицию!**
[ja 'vɪzavʊ pa'litsiʲʉ!]

Partager des impressions. Émotions

J'aime ça. **Мне это нравится.**
[mne 'ɛtə 'nrawitsa]

C'est gentil. **Очень мило.**
['ɔtʃenʲ 'milə]

C'est super! **Это здорово!**
['ɛtə 'zdɔrɔvə!]

C'est assez bien. **Это неплохо.**
['ɛtə nep'lɔhə]

Je n'aime pas ça. **Мне это не нравится.**
[mne 'ɛtə ne 'nrawitsa]

Ce n'est pas bien. **Это нехорошо.**
['ɛtə nehara'ʃɔ]

C'est mauvais. **Это плохо.**
['ɛtə 'plɔhə]

Ce n'est pas bien du tout. **Это очень плохо.**
['ɛtə 'ɔtʃenʲ 'plɔhə]

C'est dégoûtant. **Это отвратительно.**
['ɛtə atvra'titelʲnə]

Je suis content /contente/ **Я счастлив /счастлива/.**
[ja 'ɕasliv /'ɕaslivaʲ/]

Je suis heureux /heureuse/ **Я доволен /довольна/.**
[ja da'vɔlen /da'vɔlʲna/]

Je suis amoureux /amoureuse/ **Я влюблён /влюблена/.**
[ja vlʲʉb'lʲon /vlʲʉble'na/]

Je suis calme. **Я спокоен /спокойна/.**
[ja spa'kɔen /spa'kɔjna/]

Je m'ennuie. **Мне скучно.**
[mne 'skuʃnə]

Je suis fatigué /fatiguée/ **Я устал /устала/.**
[ja us'tal /us'tala/]

Je suis triste. **Мне грустно.**
[mne 'grʊsnə]

J'ai peur. **Я напуган /напугана/.**
[ja na'pʊgan /na'pʊgana/]

Je suis fâché /fâchée/ **Я злюсь.**
[ja zlʲʉsʲ]

Je suis inquiet /inquiète/ **Я волнуюсь.**
[ja val'nʊʉsʲ]

Je suis nerveux /nerveuse/ **Я нервничаю.**
[ja 'nervnitʃaʲʉ]

Je suis jaloux /jalouse/

Я завидую.
[ja za'widuʲu]

Je suis surpris /surprise/

Я удивлён /удивлена/.
[ja udiv'lʲon /udivle'na/]

Je suis gêné /gênée/

Я озадачен /озадачена/.
[ja aza'datʃen /aza'datʃena/]

Problèmes. Accidents

J'ai un problème.	**У меня проблема.** [u me'ɲa prab'lema]
Nous avons un problème.	**У нас проблема.** [u nas prab'lema]
Je suis perdu /perdue/	**Я заблудился /заблудилась/.** [ja zablu'dilsʲa /zablu'dilasʲ/]
J'ai manqué le dernier bus (train).	**Я опоздал на последний автобус (поезд).** [ja apaz'dal na pas'lednij aft'ɔbʊs ('pɔest)]
Je n'ai plus d'argent.	**У меня совсем не осталось денег.** [u me'ɲa sav'sem ne as'taləsʲ 'denek]

J'ai perdu mon ...	**Я потерял /потеряла/ ...** [ja pate'rʲal /pate'rʲala/ ...]
On m'a volé mon ...	**У меня украли ...** [u me'ɲa uk'rali ...]
passeport	**паспорт** ['paspərt]
portefeuille	**бумажник** [bʊ'maʒnik]
papiers	**документы** [dakʊ'mentɪ]
billet	**билет** [bi'let]

argent	**деньги** ['denʲgi]
sac à main	**сумку** ['sʊmkʊ]
appareil photo	**фотоаппарат** ['fota apa'rat]
portable	**ноутбук** [nɔut'bʊk]
ma tablette	**планшет** [plan'ʃət]
mobile	**телефон** [tele'fɔn]

Au secours!	**Помогите!** [pama'gite]
Qu'est-il arrivé?	**Что случилось?** [ʃtɔ slu'tʃiləsʲ?]

un incendie	**пожар** [pa'ʒar]
des coups de feu	**стрельба** [strelʲ'ba]
un meurtre	**убийство** [u'bijstvə]
une explosion	**взрыв** [vzrɪv]
une bagarre	**драка** ['draka]

Appelez la police!	**Вызовите полицию!** ['vɪzawite pa'litsʲiʲu!]
Dépêchez-vous, s'il vous plaît!	**Пожалуйста, быстрее!** [pa'ʒaləstə, bɪst'ree!]
Je cherche le commissariat de police.	**Я ищу полицейский участок.** [ja i'ɕu pali'tsɛjskij u'tʃastək]
Il me faut faire un appel.	**Мне нужно позвонить.** [mne 'nuʒnə pazva'nitʲ]
Puis-je utiliser votre téléphone?	**Могу я позвонить?** [ma'gʊ ja pazva'nitʲ?]

J'ai été ...	**Меня ...** [mi'ɲa ...]
agressé /agressée/	**ограбили** [ag'rabili]
volé /volée/	**обокрали** [abak'rali]
violée	**изнасиловали** [izna'siləvali]
attaqué /attaquée/	**избили** [iz'bili]

Est-ce que ça va?	**С вами все в порядке?** [s 'vami vsʲo v pa'rʲatke?]
Avez-vous vu qui c'était?	**Вы видели, кто это был?** [vɪ 'wideli, ktɔ 'ɛtə bɪl?]
Pourriez-vous reconnaître cette personne?	**Вы сможете его узнать?** [vɪ s'mɔʒete e'vɔ uz'natʲ?]
Vous êtes sûr?	**Вы точно уверены?** [vɪ 'tɔtʃnə u'werenɪ?]

Calmez-vous, s'il vous plaît.	**Пожалуйста, успокойтесь.** [pa'ʒaləstə, uspa'kɔjtesʲ]
Calmez-vous!	**Спокойнее!** [spa'kɔjnee!]
Ne vous inquiétez pas.	**Не беспокойтесь.** [ne bespa'kɔjtesʲ]
Tout ira bien.	**Всё будет хорошо.** [vsʲo 'bʊdet hara'ʃɔ]
Ça va. Tout va bien.	**Всё в порядке.** [vsʲo v pa'rʲatke]

Venez ici, s'il vous plaît.

Подойдите, пожалуйста.
[padaj'dite, pa'ʒaləstə]

J'ai des questions à vous poser.

У меня к вам несколько вопросов.
[u me'ɲa k vam 'neskalʲkə vap'rɔsəf]

Attendez un moment, s'il vous plaît.

Подождите, пожалуйста.
[padaʒ'dite, pa'ʒaləstə]

Avez-vous une carte d'identité?

У вас есть документы?
[u vas estʲ daku'mentɪ?]

Merci. Vous pouvez partir maintenant.

Спасибо. Вы можете идти.
[spa'sibə. vɪ 'mɔʒɛte it'ti]

Les mains derrière la tête!

Руки за голову!
['rʊki 'zagalavʊ!]

Vous êtes arrêté!

Вы арестованы!
[vɪ ares'tɔvanɪ!]

Problèmes de santé

Aidez-moi, s'il vous plaît.	**Помогите, пожалуйста.** [pama'gite, pa'ʒaləstə]
Je ne me sens pas bien.	**Мне плохо.** [mne 'plɔhə]
Mon mari ne se sent pas bien.	**Моему мужу плохо.** [mae'mʊ 'muʒu 'plɔhə]
Mon fils ...	**Моему сыну ...** [mae'mʊ 'sınʊ ...]
Mon père ...	**Моему отцу ...** [mae'mʊ at'ısu ...]

Ma femme ne se sent pas bien.	**Моей жене плохо.** [ma'ej ʒɛne 'plɔhə]
Ma fille ...	**Моей дочери ...** [ma'ej 'dɔʧeri ...]
Ma mère ...	**Моей матери ...** [ma'ej 'materi ...]

J'ai mal ...	**У меня болит ...** [u me'ɲa ba'lit ...]
à la tête	**голова** [gala'va]
à la gorge	**горло** ['gɔrlə]
à l'estomac	**живот** [ʒı'vɔt]
aux dents	**зуб** [zup]

J'ai le vertige.	**У меня кружится голова.** [u me'ɲa krʊʒiʦa gala'va]
Il a de la fièvre.	**У него температура.** [u ne'vɔ tempera'tʊra]
Elle a de la fièvre.	**У неё температура.** [u ne'o tempera'tʊra]
Je ne peux pas respirer.	**Я не могу дышать.** [ja ne ma'gʊ dı'ʃʌtʲ]

J'ai du mal à respirer.	**Я задыхаюсь.** [ja zadı'haʲʉsʲ]
Je suis asthmatique.	**Я астматик.** [ja ast'matik]
Je suis diabétique.	**Я диабетик.** [ja dia'betik]

Je ne peux pas dormir.	**У меня бессонница.** [u me'ɲa bes'sɔnitsa]
intoxication alimentaire	**пищевое отравление** [piɕe'vɔe atrav'lenie]

Ça fait mal ici.	**Болит вот здесь.** [ba'lit vɔt zdesʲ]
Aidez-moi!	**Помогите!** [pama'gite!]
Je suis ici!	**Я здесь!** [ja zdesʲ!]
Nous sommes ici!	**Мы здесь!** [mɪ zdesʲ!]
Sortez-moi d'ici!	**Вытащите меня!** ['vɪtaɕite me'ɲa!]
J'ai besoin d'un docteur.	**Мне нужен врач.** [mne 'nuʒən vratʃ]
Je ne peux pas bouger!	**Я не могу двигаться.** [ja ne ma'gu 'dvigatsa]
Je ne peux pas bouger mes jambes.	**Я не чувствую ног.** [ja ne 'tʃustvʊʲu nɔk]

Je suis blessé /blessée/	**Я ранен /ранена/.** [ja 'ranen /'ranena/]
Est-ce que c'est sérieux?	**Это серьезно?** ['ɛtə se'rʲʲoznə?]
Mes papiers sont dans ma poche.	**Мои документы в кармане.** [ma'i dakʊ'mentɪ v kar'mane]
Calmez-vous!	**Успокойтесь!** [uspa'kɔjtesʲ!]
Puis-je utiliser votre téléphone?	**Могу я позвонить?** [ma'gu ja pazva'nitʲ?]

Appelez une ambulance!	**Вызовите скорую!** [vɪzawite 'skɔrʊʲu!]
C'est urgent!	**Это срочно!** ['ɛtə 'srɔtʃnə!]
C'est une urgence!	**Это очень срочно!** ['ɛtə 'ɔtʃenʲ 'srɔtʃnə!]
Dépêchez-vous, s'il vous plaît!	**Пожалуйста, быстрее!** [pa'ʒaləstə, bɪst'ree!]
Appelez le docteur, s'il vous plaît.	**Вызовите врача, пожалуйста.** [vɪzawite vra'tʃa, pa'ʒaləstə]
Où est l'hôpital?	**Скажите, где больница?** [ska'ʒite, gde balʲ'nitsa?]

Comment vous sentez-vous?	**Как вы себя чувствуете?** [kak vɪ se'bʲa 'tʃustvʊete?]
Est-ce que ça va?	**С вами все в порядке?** [s 'vami vsʲo v pa'rʲatke?]
Qu'est-il arrivé?	**Что случилось?** [ʃtɔ slu'tʃiləsʲ?]

Je me sens mieux maintenant.

Мне уже лучше.
[mne u'ʒe 'lutʃɛ]

Ça va. Tout va bien.

Всё в порядке.
[vsʲo v pa'rʲatke]

Ça va.

Всё хорошо.
[vsʲo hara'ʃɔ]

À la pharmacie

pharmacie	**Аптека** [ap'teka]
pharmacie 24 heures	**круглосуточная аптека** [krʊgla'sʊtətʃnəja ap'teka]
Où se trouve la pharmacie la plus proche?	**Где ближайшая аптека?** [gde bli'ʒajʃəja ap'teka?]
Est-elle ouverte en ce moment?	**Она сейчас открыта?** [a'na se'tʃas atk'rita?]
À quelle heure ouvre-t-elle?	**Во сколько она открывается?** [va 'skolʲkə a'na atkrɪ'vaeʦa?]
à quelle heure ferme-t-elle?	**До которого часа она работает?** [dɔ ka'tɔrəvə 'tʃasa a'na ra'botaet?]
C'est loin?	**Это далеко?** ['ɛtə dale'kɔ?]
Est-ce que je peux y aller à pied?	**Я дойду туда пешком?** [ja daj'dʊ tʊ'da peʃ'kɔm?]
Pouvez-vous me le montrer sur la carte?	**Покажите мне на карте, пожалуйста.** [paka'ʒite mne na 'karte, pa'ʒaləstə]
Pouvez-vous me donner quelque chose contre ...	**Дайте мне, что-нибудь от ...** ['dajte mne, ʃtɔ ni'bʊtʲ ɔt ...]
le mal de tête	**головной боли** [galav'nɔj 'bɔli]
la toux	**кашля** ['kaʃʎa]
le rhume	**простуды** [pras'tʊdɪ]
la grippe	**гриппа** ['gripa]
la fièvre	**температуры** [tempera'tʊrɪ]
un mal d'estomac	**боли в желудке** ['bɔli v ʒi'lutke]
la nausée	**тошноты** [taʃna'tɪ]
la diarrhée	**диареи** [dia'rei]
la constipation	**запора** [za'pɔra]
un mal de dos	**боль в спине** [bɔlʲ v spi'ne]

les douleurs de poitrine	**боль в груди** [ˈbolʲ v grʊˈdi]
les points de côté	**боль в боку** [bolʲ v baˈkʊ]
les douleurs abdominales	**боль в животе** [ˈbolʲ v ʒivaˈte]

une pilule	**таблетка** [tabˈletka]
un onguent, une crème	**мазь, крем** [mazʲ, krem]
un sirop	**сироп** [siˈrɔp]
un spray	**спрей** [sprɛj]
les gouttes	**капли** [ˈkapli]

Vous devez allez à l'hôpital.	**Вам нужно в больницу.** [vam ˈnʊʒnə v balʲˈnitsu]
assurance maladie	**страховка** [straˈhovka]
prescription	**рецепт** [reˈtsept]
produit anti-insecte	**средство от насекомых** [ˈsredstvə at naseˈkɔmɪh]
bandages adhésifs	**лейкопластырь** [lejkəˈplastɪrʲ]

Les essentiels

Excusez-moi, ...

Извините, ...
[izwi'nite, ...]

Bonjour

Здравствуйте.
['zdrastvʊjte]

Merci

Спасибо.
[spa'sibə]

Au revoir

До свидания.
[da swi'danija]

Oui

Да.
[da]

Non

Нет.
[net]

Je ne sais pas.

Я не знаю.
[ja ne 'znaʲʉ]

Où? | Où? | Quand?

Где? | Куда? | Когда?
[gde? | kʊ'da? | kag'da?]

J'ai besoin de ...

Мне нужен ...
[mne 'nʊʒən ...]

Je veux ...

Я хочу ...
[ja ha'ʧu ...]

Avez-vous ... ?

У вас есть ...?
[u vas estʲ ...?]

Est-ce qu'il y a ... ici?

Здесь есть ...?
[zdesʲ estʲ ...?]

Puis-je ... ?

Я могу ...?
[ja ma'gʊ ...?]

s'il vous plaît (pour une demande)

пожалуйста
[pa'ʒalǝstǝ]

Je cherche ...

Я ищу ...
[ja i'ɕu ...]

les toilettes

туалет
[tʊa'let]

un distributeur

банкомат
[banka'mat]

une pharmacie

аптеку
[ap'tekʊ]

l'hôpital

больницу
[balʲ'nitsu]

le commissariat de police

полицейский участок
[pali'tsɛjskij u'ʧastǝk]

une station de métro

метро
[met'rɔ]

un taxi	**такси** [tak'si]
la gare	**вокзал** [vak'zal]

Je m'appelle ...	**Меня зовут ...** [mi'ɲa za'vʊt ...]
Comment vous appelez-vous?	**Как вас зовут?** [kak vas za'vʊt?]
Aidez-moi, s'il vous plaît.	**Помогите мне, пожалуйста.** [pama'gite mne, pa'ʒaləstə]
J'ai un problème.	**У меня проблема.** [u me'ɲa prab'lema]
Je ne me sens pas bien.	**Мне плохо.** [mne 'plohə]
Appelez une ambulance!	**Вызовите скорую!** [vɪzawite 'skorʊʲʉ!]
Puis-je faire un appel?	**Могу я позвонить?** [ma'gʊ ja pazva'nitʲ?]

Excusez-moi.	**Извините.** [izwi'nite]
Je vous en prie.	**Пожалуйста.** [pa'ʒaləstə]

je, moi	**я** [ja]
tu, toi	**ты** [tɪ]
il	**он** [ɔn]
elle	**она** [a'na]
ils	**они** [a'ni]
elles	**они** [a'ni]
nous	**мы** [mɪ]
vous	**вы** [vɪ]
Vous	**Вы** [vɪ]

ENTRÉE	**ВХОД** [vhɔt]
SORTIE	**ВЫХОД** ['vɪhət]
HORS SERVICE | EN PANNE	**НЕ РАБОТАЕТ** [ne ra'bɔtaet]
FERMÉ	**ЗАКРЫТО** [zak'rɪtə]

OUVERT

ОТКРЫТО
[atk'rɪtə]

POUR LES FEMMES

ДЛЯ ЖЕНЩИН
[dʎa 'ʒɛnɕin]

POUR LES HOMMES

ДЛЯ МУЖЧИН
[dʎa mʊ'ɕin]

T&P BOOKS

MINI DICTIONNAIRE

Cette section contient
250 mots, utiles nécessaires
à la communication
quotidienne.
Vous y trouverez le nom
des mois et des jours.
Le dictionnaire contient
aussi des sujets aussi variés
que les couleurs, les unités
de mesure, la famille et plus

T&P Books Publishing

CONTENU DU DICTIONNAIRE

T&P Books Publishing

temps (m)	время (c)	[v'remʲa]
heure (f)	час (м)	[ʧas]
demi-heure (f)	полчаса (мн)	[paltʃe'sa]
minute (f)	минута (ж)	[mi'nutə]
seconde (f)	секунда (ж)	[si'kʊndə]
aujourd'hui (adv)	сегодня	[si'vodɲa]
demain (adv)	завтра	['zaftrə]
hier (adv)	вчера	[fʧi'ra]
lundi (m)	понедельник (м)	[pani'deʎnik]
mardi (m)	вторник (м)	[f'tornik]
mercredi (m)	среда (ж)	[sre'da]
jeudi (m)	четверг (м)	[ʧit'werk]
vendredi (m)	пятница (ж)	['pʲatnitsə]
samedi (m)	суббота (ж)	[sʊ'botə]
dimanche (m)	воскресенье (c)	[vaskri'seɲje]
jour (m)	день (м)	[deɲ]
jour (m) ouvrable	рабочий день (м)	[ra'boʧij deɲ]
jour (m) férié	празник (м)	[p'raznik]
week-end (m)	выходные (мн)	[vɪhad'nɪe]
semaine (f)	неделя (ж)	[ni'deʎa]
la semaine dernière	на прошлой неделе	[na p'roʃlaj ni'dele]
la semaine prochaine	на следующей неделе	[na sle'duçej ni'dele]
le matin	утром	['utram]
dans l'après-midi	после обеда	['posle a'bedə]
le soir	вечером	['weʧeram]
ce soir	сегодня вечером	[si'vodɲa 'weʧeram]
la nuit	ночью	['notʃy]
minuit (f)	полночь (ж)	['polnaʧ]
janvier (m)	январь (м)	[en'varʲ]
février (m)	февраль (м)	[fiv'raʎ]
mars (m)	март (м)	[mart]
avril (m)	апрель (м)	[ap'reʎ]
mai (m)	май (м)	[maj]
juin (m)	июнь (м)	[i'juɲ]
juillet (m)	июль (м)	[i'juʎ]
août (m)	август (м)	['avgʊst]

septembre (m)	сентябрь (м)	[sin't'abr']
octobre (m)	октябрь (м)	[ak't'abr']
novembre (m)	ноябрь (м)	[na'jabr']
décembre (m)	декабрь (м)	[di'kabr']

au printemps	весной	[wis'nɔj]
en été	летом	['letam]
en automne	осенью	['ɔseɲjy]
en hiver	зимой	[zi'mɔj]

mois (m)	месяц (м)	['mesiʦ]
saison (f)	сезон (м)	[si'zɔn]
année (f)	год (м)	[gɔt]

2. Nombres. Adjectifs numéraux

zéro	ноль	[nɔʎ]
un	один	[a'din]
deux	два	[dvə]
trois	три	[tri]
quatre	четыре	[tʃi'tɪre]

cinq	пять	[pʲatʲ]
six	шесть	[ʃestʲ]
sept	семь	[semʲ]
huit	восемь	['vɔsemʲ]
neuf	девять	['dewitʲ]
dix	десять	['desitʲ]

onze	одиннадцать	[a'dinatsatʲ]
douze	двенадцать	[dwi'natsatʲ]
treize	тринадцать	[tri'natsatʲ]
quatorze	четырнадцать	[tʃi'tɪrnatsatʲ]
quinze	пятнадцать	[pit'natsatʲ]

seize	шестнадцать	[ʃɛs'natsatʲ]
dix-sept	семнадцать	[sim'natsatʲ]
dix-huit	восемнадцать	[vasem'natsatʲ]
dix-neuf	девятнадцать	[diwit'natsatʲ]

vingt	двадцать	[d'vatsatʲ]
trente	тридцать	[t'ritsatʲ]
quarante	сорок	['sɔrak]
cinquante	пятьдесят	[pitʲdi'sʲat]

soixante	шестьдесят	[ʃistʲdi'sʲat]
soixante-dix	семьдесят	['semʲdisit]
quatre-vingts	восемьдесят	['vɔsemʲdisit]
quatre-vingt-dix	девяносто	[diwi'nɔstə]
cent	сто	[stɔ]

deux cents	двести	[d'westi]
trois cents	триста	[t'ristə]
quatre cents	четыреста	[tʃi'tɪrestə]
cinq cents	пятьсот	[pi'tsɔt]
six cents	шестьсот	[ʃɛs'sɔt]
sept cents	семьсот	[simʲ'sɔt]
huit cents	восемьсот	[vɑsemʲ'sɔt]
neuf cents	девятьсот	[diwi'tsɔt]
mille	тысяча	['tɪsitʃə]
dix mille	десять тысяч	['desitʲ 'tɪsitʃ]
cent mille	сто тысяч	[stɔ 'tɪsitʃ]
million (m)	миллион (м)	[mili'ɔn]
milliard (m)	миллиард (м)	[mili'art]

3. L'être humain. La famille

homme (m)	мужчина (м)	[mʊ'ɕinə]
jeune homme (m)	юноша (м)	['junɑʃə]
femme (f)	женщина (ж)	['ʒɛɲɕinə]
jeune fille (f)	девушка (ж)	['devuʃkə]
vieillard (m)	старик (м)	[stɑ'rik]
vieille femme (f)	старая женщина (м)	[s'tɑrɑjə 'ʒɛɲɕinə]
mère (f)	мать (ж)	[matʲ]
père (m)	отец (м)	[ɑ'tets]
fils (m)	сын (м)	[sɪn]
fille (f)	дочь (ж)	[dɔtʃ]
frère (m)	брат (м)	[brat]
sœur (f)	сестра (ж)	[sist'ra]
parents (m pl)	родители (мн)	[rɑ'diteli]
enfant (m, f)	ребёнок (м)	[ri'bɔnɑk]
enfants (pl)	дети (мн)	['deti]
belle-mère (f)	мачеха (ж)	['matʃehə]
beau-père (m)	отчим (м)	['ɔtʃim]
grand-mère (f)	бабушка (ж)	['babuʃkə]
grand-père (m)	дедушка (м)	['deduʃkə]
petit-fils (m)	внук (м)	[vnʊk]
petite-fille (f)	внучка (ж)	[v'nʊtʃkə]
petits-enfants (pl)	внуки (мн)	[v'nʊki]
oncle (m)	дядя (м)	['dʲadʲa]
tante (f)	тётя (ж)	['tɔtʲa]
neveu (m)	племянник (м)	[pli'mʲanik]
nièce (f)	племянница (ж)	[pli'mʲanitsə]
femme (f)	жена (ж)	[ʒɪ'na]

mari (m)	муж (м)	[muʃ]
marié (adj)	женатый	[ʒɪ'natɪj]
mariée (adj)	замужняя	[za'muʒnija]
veuve (f)	вдова (ж)	[vda'va]
veuf (m)	вдовец (м)	[vda'wets]

| prénom (m) | имя (с) | ['imʲa] |
| nom (m) de famille | фамилия (ж) | [fa'milija] |

parent (m)	родственник (м)	['rɔtstwenik]
ami (m)	друг (м)	[druk]
amitié (f)	дружба (ж)	[d'ruʒbə]

partenaire (m)	партнёр (м)	[part'nɜr]
supérieur (m)	начальник (м)	[na'ʧaʎnik]
collègue (m, f)	коллега (м)	[ka'legə]
voisins (m pl)	соседи (мн)	[sa'sedi]

4. Le corps humain. L'anatomie

corps (m)	тело (с)	['telə]
cœur (m)	сердце (с)	['sertse]
sang (m)	кровь (ж)	[krɔfʲ]
cerveau (m)	мозг (м)	[mɔsk]

os (m)	кость (ж)	[kɔstʲ]
colonne (f) vertébrale	позвоночник (м)	[pazva'nɔʧnik]
côte (f)	ребро (с)	[rib'ro]
poumons (m pl)	лёгкие (мн)	['lɜhkie]
peau (f)	кожа (ж)	['kɔʒə]

tête (f)	голова (ж)	[gala'va]
visage (m)	лицо (с)	[li'tso]
nez (m)	нос (м)	[nɔs]
front (m)	лоб (м)	[lɔp]
joue (f)	щека (ж)	[ɕi'ka]

bouche (f)	рот (м)	[rot]
langue (f)	язык (м)	[ja'zɪk]
dent (f)	зуб (м)	[zup]
lèvres (f pl)	губы (мн)	['gubɪ]
menton (m)	подбородок (м)	[padba'rodak]

oreille (f)	ухо (с)	['uhə]
cou (m)	шея (ж)	[ʃeja]
œil (m)	глаз (м)	[glas]
pupille (f)	зрачок (м)	[zra'ʧɔk]
sourcil (m)	бровь (ж)	[brɔfʲ]
cil (m)	ресница (ж)	[ris'nitsə]
cheveux (m pl)	волосы (мн)	['vɔlasɪ]

coiffure (f)	причёска (ж)	[pri'tʃoskə]
moustache (f)	усы (м мн)	[u'sɪ]
barbe (f)	борода (ж)	[bara'da]
porter (~ la barbe)	носить	[na'sitʲ]
chauve (adj)	лысый	['lɪsɪj]

main (f)	кисть (ж)	[kistʲ]
bras (m)	рука (ж)	[rʊ'ka]
doigt (m)	палец (м)	['palets]
ongle (m)	ноготь (м)	['nɔgatʲ]
paume (f)	ладонь (ж)	[la'dɔɲ]

épaule (f)	плечо (с)	[pli'tʃɔ]
jambe (f)	нога (ж)	[na'ga]
genou (m)	колено (с)	[ka'lenə]
talon (m)	пятка (ж)	['pʲatkə]
dos (m)	спина (ж)	[spi'na]

5. Les vêtements. Les accessoires personnels

vêtement (m)	одежда (ж)	[a'deʒdə]
manteau (m)	пальто (с)	[paʎ'tɔ]
manteau (m) de fourrure	шуба (ж)	['ʃubə]
veste (f) (~ en cuir)	куртка (ж)	['kʊrtkə]
imperméable (m)	плащ (м)	[plaɕ]

chemise (f)	рубашка (ж)	[rʊ'baʃkə]
pantalon (m)	брюки (мн)	[b'ryki]
veston (m)	пиджак (м)	[pi'dʒak]
complet (m)	костюм (м)	[kas'tym]

robe (f)	платье (с)	[p'latje]
jupe (f)	юбка (ж)	['jupkə]
tee-shirt (m)	футболка (ж)	[fʊd'bɔlkə]
peignoir (m) de bain	халат (м)	[ha'lat]
pyjama (m)	пижама (ж)	[pi'ʒamə]
tenue (f) de travail	рабочая одежда (ж)	[ra'botʃija a'deʒdə]

sous-vêtements (m pl)	бельё (с)	[bi'ʎjo]
chaussettes (f pl)	носки (мн)	[nas'ki]
soutien-gorge (m)	бюстгальтер (м)	[bys'gaʎtɛr]
collants (m pl)	колготки (мн)	[kal'gɔtki]
bas (m pl)	чулки (мн)	[tʃul'ki]
maillot (m) de bain	купальник (м)	[kʊ'paʎnik]

chapeau (m)	шапка (ж)	['ʃʌpkə]
chaussures (f pl)	обувь (ж)	['ɔbʊfʲ]
bottes (f pl)	сапоги (мн)	[sapa'gi]
talon (m)	каблук (м)	[kab'luk]
lacet (m)	шнурок (м)	[ʃnʊ'rɔk]

cirage (m)	крем (м) для обуви	[krem dʎa ˈɔbuwi]
gants (m pl)	перчатки (ж мн)	[pirˈtʃatki]
moufles (f pl)	варежки (ж мн)	[ˈvariʃki]
écharpe (f)	шарф (м)	[ʃʌrf]
lunettes (f pl)	очки (мн)	[atʃˈki]
parapluie (m)	зонт (м)	[zɔnt]

cravate (f)	галстук (м)	[ˈgalstuk]
mouchoir (m)	носовой платок (м)	[nasaˈvɔj plaˈtɔk]
peigne (m)	расчёска (ж)	[raˈɕɛskə]
brosse (f) à cheveux	щётка (ж) для волос	[ˈɕɛtka dʎa vaˈlɔs]

boucle (f)	пряжка (ж)	[pˈrʲaʃkə]
ceinture (f)	пояс (м)	[ˈpɔis]
sac (m) à main	сумочка (ж)	[ˈsumatʃkə]

6. La maison. L'appartement

appartement (m)	квартира (ж)	[kvarˈtirə]
chambre (f)	комната (ж)	[ˈkɔmnatə]
chambre (f) à coucher	спальня (ж)	[sˈpaʎna]
salle (f) à manger	столовая (ж)	[staˈlɔvaja]

salon (m)	гостиная (ж)	[gasˈtinaja]
bureau (m)	кабинет (м)	[kabiˈnet]
antichambre (f)	прихожая (ж)	[priˈhɔʒaja]
salle (f) de bains	ванная комната (ж)	[ˈvannaja ˈkɔmnatə]
toilettes (f pl)	туалет (м)	[tuaˈlet]

aspirateur (m)	пылесос (м)	[pɪleˈsɔs]
balai (m) à franges	швабра (ж)	[ʃˈvabrə]
torchon (m)	тряпка (ж)	[tˈrʲapkə]
balayette (f) de sorgho	веник (м)	[ˈwenik]
pelle (f) à ordures	совок (м) для мусора	[saˈvɔk dʎa ˈmusarə]

meubles (m pl)	мебель (ж)	[ˈmebeʎ]
table (f)	стол (м)	[stɔl]
chaise (f)	стул (м)	[stul]
fauteuil (m)	кресло (с)	[kˈreslə]

miroir (m)	зеркало (с)	[ˈzerkalə]
tapis (m)	ковёр (м)	[kaˈwɜr]
cheminée (f)	камин (м)	[kaˈmin]
rideaux (m pl)	шторы (ж мн)	[ʃˈtɔrɪ]
lampe (f) de table	настольная лампа (ж)	[nasˈtɔʎnaja ˈlampə]
lustre (m)	люстра (ж)	[ˈlystrə]

cuisine (f)	кухня (ж)	[ˈkuhɲa]
cuisinière (f) à gaz	газовая плита (ж)	[ˈgazavaja pliˈta]
cuisinière (f) électrique	электроплита (ж)	[ɛlektrapliˈta]

four (m) micro-ondes	микроволновая печь (ж)	[mikrəval'nɔvaja petʃ]
réfrigérateur (m)	холодильник (м)	[hala'diʌnik]
congélateur (m)	морозильник (м)	[mara'ziʌnik]
lave-vaisselle (m)	посудомоечная машина (ж)	[pasʊda'mɔetʃnaja ma'ʃinə]
robinet (m)	кран (м)	[kran]

hachoir (m) à viande	мясорубка (ж)	[misa'rʊpkə]
centrifugeuse (f)	соковыжималка (ж)	[sɔkavɪʒɪ'malkə]
grille-pain (m)	тостер (м)	['tɔster]
batteur (m)	миксер (м)	['mikser]

machine (f) à café	кофеварка (ж)	[kafe'varkə]
bouilloire (f)	чайник (м)	['tʃajnik]
théière (f)	чайник (м)	['tʃajnik]

téléviseur (m)	телевизор (м)	[tile'wizar]
magnétoscope (m)	видеомагнитофон (м)	['widea magnita'fɔn]
fer (m) à repasser	утюг (м)	[u'tyk]
téléphone (m)	телефон (м)	[tile'fɔn]

www.ingramcontent.com/pod-product-compliance
Lightning Source LLC
Chambersburg PA
CBHW070839050426
42452CB00011B/2351